ROYALE COM QUEIJO

★ ★ ★ ★ ★

As mais deliciosas frases sobre

GASTRONOMIA

do

Cinema

MARIZA GUALANO

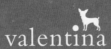

Rio de Janeiro, 2015
1ª Edição

Copyright © 2014 *by* Mariza Gualano

CAPA E PROJETO GRÁFICO
Raul Fernandes

DIAGRAMAÇÃO
editoríarte

Impresso no Brasil
Printed in Brazil
2015

CIP-BRASIL. CATALOGAÇÃO NA PUBLICAÇÃO
SINDICATO NACIONAL DOS EDITORES DE LIVROS, RJ

G983r

Gualano, Mariza, 1956-
 Royale com queijo / Mariza Gualano. 1. ed. – Rio de Janeiro: Valentina, 2015.
 240p. ; 23 cm.

 Inclui índice
 ISBN 978-85-65859-58-5

 1. Cinema – Citações, máximas, etc. 2. Gastronomia – Citações, máximas, etc. I. Título.

15-19573
CDD: 791
CDU: 791

Todos os livros da Editora Valentina estão em conformidade com
o novo Acordo Ortográfico da Língua Portuguesa.

Todos os direitos desta edição reservados à

Editora Valentina
Rua Santa Clara 50/1107 – Copacabana
Rio de Janeiro – 22041-012
Tel/Fax: (21) 3208-8777
www.editoravalentina.com.br

Para meu pai e minha mãe (*in memoriam*),
e para meus irmãos Diana, Cristina e Aloisio,
amantes dos filmes e da boa mesa.

INTRODUÇÃO

*Comer não é só uma necessidade;
é também o prazer mais primitivo
do ser humano. E talvez o último.*

JOAQUIM ORISTELL

Entre as mais variadas sensações e formas de prazer que o cinema nos proporciona está a arte culinária e o que a ela se relaciona. Seja pela telona ou no aconchego do sofá, inúmeros filmes nos levam a desfrutar e degustar o mundo da gastronomia no que ele tem de mais atraente e fascinante, além de bizarro e estranho.

Royale com Queijo – As Mais Deliciosas Frases sobre Gastronomia do Cinema traz uma compilação de mais de 600 citações ligadas ao universo da comida e da bebida. Não faltam clássicos do gênero como *A festa de Babette*, *Chocolate*, *A comilança* e *Comer, rezar, amar*. *Gabriela, cravo e canela* e *Estômago* são dois exemplos brasileiros. Há ainda os cultuados representantes do fast-food como *Um dia de fúria* e *Pulp Fiction*. E mais centenas de filmes acompanhados de frases e diálogos saborosíssimos para abrir o apetite do leitor.

"Toda vez digo que é a última. Mas aí sinto o aroma do chocolate quente, dos bombons... Meu Deus!"

Aurèlien Parent Koenig em
Chocolate | *Chocolat* (2000)
Direção: Lasse Hallström

> "Nunca conheci ninguém cuja conversa fosse melhor do que uma boa comida."
>
> **Irving Pichel** (em off) em
> *Como era verde meu vale* | *How Green Was My Valley* (1941)
> Direção: John Ford

> "Comer uma boa comida é estar perto de Deus."
>
> **Tony Shalhoub** para Allison Janney em
> *A grande noite* | *Big Night* (1996)
> Direção: Campbell Scott e Stanley Tucci

> "Fazer uma comida que vem da alma é cozinhar com o coração."
>
> **Irving Pichel** (em off) em
> *Como era verde meu vale* | *How Green Was My Valley* (1941)
> Direção: John Ford

> "Essa comida é o poema perfeito que eu nunca escreverei. É felicidade que só vem em sonhos. É uma sinfonia de alegria destilada em uma nota."
>
> **Andrew McFarlane** em
> *Simplesmente irresistível* | *Simply Irresistible* (1999)
> Direção: Mark Tarlov

"Um cozinheiro não é um contador.
Um cozinheiro é um artista."

Catherine Frot em
Os sabores do palácio | *Les Saveurs de palais* (2012)
Direção: Christian Vincent

"A boa comida é como música
que se saboreia, cor que se cheira.
Há excelência ao seu redor."

Gusteau, o chef e dono do restaurante, na animação
Ratatouille (2007)
Direção: Brad Bird e Jan Pinkava

"O calor libera a alma dos alimentos."

Yoshi Kato para Nobuko Miyamoto em
Tampopo – Os brutos também comem espaguete | *Tampopo* (1985)
Direção: Juzo Itami

> "**Comer não é só comer. Ao redor de uma mesa se abre o apetite e algo mais. Por isso, nessa cidade se cozinha a cada dia meio milhão de refeições para mudar o sabor da vida.**"
>
> **Isabel Naveira**, sobre Santiago de Compostela, em
> *18 comidas* (2010)
> Direção: Jorge Coira

> "**Você tem que sentir o tempo da massa com a sua mão. Agora ela tem que respirar. Porque pão é como gente: se não respira, endurece.**"
>
> **Sonia Guedes** em
> *Histórias que só existem quando lembradas* (2011)
> Direção: Júlia Murat

> "– Não era arroz, eram larvas.
> – Então foi por isso que saíram correndo quando joguei sal."
>
> **Rita** e **Roddy** na animação
> *Por água abaixo | Flushed Away* (2006)
> Direção: David Bowers e Sam Fell

"Julia Child aprendeu a cozinhar porque amava o marido, amava comer e não sabia o que fazer de si mesma. E acabou descobrindo a alegria."

Amy Adams, sobre uma das mais renomadas gourmands norte-americanas, em
Julie & Julia (2009)
Direção: Nora Ephron

"Você cozinha com a cabeça. Sua cabeça está cheia de ruído. Você precisa aprender a cozinhar com mais tranquilidade aí bem no seu interior."

Hisako Okata para Brittany Murphy em
O sabor de uma paixão | The Ramen Girl (2008)
Direção: Robert Allan Ackerman

"Comida qualquer um faz. É preciso ter magia."

Nawazuddin Siddiqui em
The Lunchbox | Dabba (2013)
Direção: Ritesh Batra

> "Quando Tita sentiu sobre seus ombros o olhar ardente de Pedro, compreendeu perfeitamente o que sente a massa ao entrar em contato com o óleo fervente."

Arcella Ramirez, narrando as memórias de sua tia-avó, em
Como água para chocolate | *Como agua para chocolate* (1992)
Direção: Alfonso Arau

> "Olhem como esse prato se insinua, como tenta nos seduzir. Só eu que escuto isso? Está pedindo aos gritos que o coloquemos na boca e nos deliciemos com seu gosto."

Javier Cámara, um chef ao finalizar um prato de lagosta, em
À moda da casa | *Fuera de carta* (2008)
Direção: Nacho G. Velilla

> "Não se enganem: as pessoas não vêm aqui só para comer, elas vêm procurando prazer, para satisfazer suas fantasias. Elas vêm para que possamos fodê-las como numa boa trepada..."

Javier Cámara, um chef de cozinha, em
À moda da casa | *Fuera de carta* (2008)
Direção: Nacho G. Velilla

> "Ela cultivou o gosto por pequenos prazeres:
> mergulhar a mão em sacos de grãos, furar
> o crème brûlée com uma colher de chá..."

André Dussollier sobre Audrey Tautou em
O fabuloso destino de Amélie Poulain | *Le Fabuleux destin d'Amélie Poulain* (2001)
Direção: Jean-Pierre Jeunet

> "Neste restaurante, culinária
> não é um casamento antigo e enfadonho.
> É um caso de amor apaixonado."

Helen Mirren em
A 100 passos de um sonho | *The Hundred-Foot Journey* (2014)
Direção: Lasse Hallström

> "Se sua comida for como a música,
> sugiro que suavize um pouco."

Helen Mirren, uma francesa conservadora,
para Manish Dayal, um chef indiano, em
A 100 passos de um sonho | *The Hundred-Foot Journey* (2014)
Direção: Lasse Hallström

> **"Com uma mordida Madame Mallory sabe se o chef tem potencial."**
>
> **Charlotte Le Bon** para Manish Dayal sobre Helen Mirren em
> *A 100 passos de um sonho* | *The Hundred-Foot Journey* (2014)
> Direção: Lasse Hallström

> **"Ele não vai mais sentir os cheiros. Cheiro é sabor. Um cozinheiro que não sente o sabor não é um cozinheiro."**
>
> **Stéphane Audran,** sobre Michel Aumont,
> um chef de cozinha perdendo olfato, em
> *Jantar de despedida* | *Au petit Marguery* (1995)
> Direção: Laurent Bénégui

> **"Compramos utensílios sofisticados e os melhores utensílios estão no corpo."**
>
> **Josh Brolin,** ao sovar a massa com as mãos, em
> *Refém da paixão* | *Labor Day* (2013)
> Direção: Jason Reitman

"Dá para confiar num cozinheiro
que não suja a roupa?"

Fernanda Machado em
Confia em mim (2014)
Direção: Michel Tikhomiroff

"Depois de comer sua comida,
ele vai lhe dar o Taj Mahal."

Bharati Achrekar para Nimrat Kaur,
uma jovem indiana tentando reconquistar seu marido, em
The Lunchbox | *Dabba* (2013)
Direção: Ritesh Batra

"– É seu cozinheiro novo?
– É meu advogado e mentor.
Ele cozinha para acalmar os nervos."

Gad Elmaleh e **Romain Duris**, sobre Omar Sy, em
A espuma dos dias | *L'Écume des jours* (2013)
Direção: Michel Gondry

**"E lembrem-se: o último e
mais importante ingrediente
é compartilhá-lo com
alguém que amamos."**

Penélope Cruz, uma professora de culinária, em
Sabor da paixão | *Woman on Top* (2000)
Direção: Fina Torres

**"Cada prato que você prepara é um
presente para seu cliente. A comida
que serve ao seu cliente se torna
parte dele. Ela contém sua alma."**

Hisako Okata para Brittany Murphy em
O sabor de uma paixão | *The Ramen Girl* (2008)
Direção: Robert Allan Ackerman

**"Sra. Sloane, se importa se eu for assisti-la preparar
o café da manhã? Eu me lembro do que disse sobre o
charme de uma mulher atraente desempenhando
sua tarefa de virar panquecas
com o cheiro de um bom café e bacon fritando
numa cozinha ensolarada."**

Sydney Greenstreet para Barbara Stanwyck em
Indiscrição | *Christmas in Connecticut* (1945)
Direção: Peter Godfrey

"Você era um doce amante.
Tinha gosto de morango!"

Gunn Wällgren para Erland Josephson em
Fanny & Alexander | *Fanny och Alexander* (1982)
Direção: Ingmar Bergman

"– Você gosta de fazer amor comigo?
– Sim.
– Mais do que pasta de amendoim?"

Claire Forlani e **Brad Pitt** em
Encontro marcado | *Meet Joe Black* (1998)
Direção: Martin Brest

"Vejo você em todos
os restaurantes que entro."

Koen de Bouw para Sara de Roo, proprietária de um bistrô, em
Bistrô Romantique | *Brasserie Romantiek* (2012)
Direção: Joël Vanhoebrouck

"No Paraíso, você será a grande artista, a verdadeira grande artista que nosso Deus misericordioso quis que você fosse. Você deleitará todos os anjos."

Bodil Kjer, após magnífico jantar preparado
por Stéphane Audran, em
A festa de Babette | Babettes gæstebud (1987)
Direção: Gabriel Axel

"Cozinhar é um dos maiores privilégios da humanidade."

Emil Ruben em
Terceiro tempo | Treto poluvreme (2012)
Direção: Darko Mitrevski

"– Por que mudar uma receita que tem duzentos anos?
– Talvez porque duzentos anos seja tempo suficiente."

Helen Mirren, uma francesa conservadora,
e **Manish Dayal,** um jovem chef indiano, em
A 100 passos de um sonho | The Hundred-Foot Journey (2014)
Direção: Lasse Hallström

> "Essa é Mama Joe. Dizem que
> não teve nenhum inimigo durante toda vida.
> Porque, se tivesse, os convidaria para comer vagem
> com batata frita e frango frito.
> E tornariam-se ótimos amigos."

Brandon Hammond, sobre sua avó, em
Alimento da alma | *Soul Food* (1997)
Direção: George Tillman Jr.

> "– Ah! A rainha do quitute!
> – Ainda serás minha... cozinheira!"

Antonio Pedro e **Nelson Xavier** para Sonia Braga,
repleta de dotes físicos e culinários, em
Gabriela, cravo e canela (1983)
Direção: Bruno Barreto

> "Você pode não acreditar,
> mas é a melhor sopa que eu já vomitei."

Ben Schnetzer, doente e faminto, em
A menina que roubava livros | *The Book Thief* (2013)
Direção: Brian Percival

"– O rei quer levá-lo para Versalhes.
– O rei? Sou um cozinheiro,
não um cortesão."

Julien Glover e **Gérard Depardieu** em
Vatel – Um banquete para o rei | *Vatel* (2000)
Direção: Roland Joffé

"– Sabe por que eu gosto de cozinhar?
– Por quê?
– Ao fim de um dia em que nada dá certo, e quando
digo 'nada', quero dizer nada, a gente volta para
casa e sabe que se misturar gemas, chocolate,
açúcar e leite vai engrossar. É um grande conforto."

Amy Adams em
Julie & Julia (2009)
Direção: Nora Ephron

"Eu sou um cozinheiro, não um modelo. Não quero
divulgação de revista de fofoca. Não quero ser
o queridinho das celebridades. Quero fazer comida
de verdade, com amor de verdade."

Dougray Scott em
Receitas de amor | *Love's Kitchen* (2011)
Direção: James Hacking

"— Enquanto esperamos pelo presunto cru muito fino que envolve perfeitamente fatias perfeitas de melão persa...
— Por favor, pare! Não aguento! Acha mesmo que eles vão fazer o linguado no champanhe?"

William Holden e **Audrey Hepburn** aguardando o almoço, em
Quando Paris alucina | *Paris When It Sizzles* (1964)
Direção: Richard Quine

"O almoço acabou. Os martínis, os vinhos e o conhaque surtiram efeito, e uma luz linda recai sobre eles."

William Holden, um roteirista sob efeito do álcool, em
Quando Paris alucina | *Paris When It Sizzles* (1964)
Direção: Richard Quine

"Gostaria de saber quando comer se tornou um show da Broadway."

John Corbett em
Uma receita para a máfia | *Dinner Rush* (2000)
Direção: Bob Giraldi

"Adoro Wagner, mas ouvir Wagner
é para coisas maiores como javali ou rinoceronte.
Para coisas pequenas como frango e lagosta,
precisamos de algo mais delicado, espiritual, sutil..."

Louis de Funès, um chef de cozinha, em
A asa ou a coxa | *L'Aile ou la cuisse* (1976)
Direção: Claude Zidi

"Uma vez panqueca sempre panqueca."

Ned Sparks sobre Louise Beavers em
Imitação da vida | *Imitation of Life* (1934)
Direção: John M. Stahl

"Uma boa cozinheira precisa se
alimentar bem. Primeiro, você deve
saturar seu paladar antes de temperar o prato.
Se estiver gostoso com a barriga cheia,
você é uma boa cozinheira."

Sergio Castellitto em
Simplesmente Martha | *Bella Martha* (2001)
Direção: Sandra Nettelbeck

"Eu achei que fosse encontrá-la e trouxe uma lembrança. É São Lorenzo. É o patrono dos cozinheiros. Parece que foi torturado numa grelha e queimado até dizer: 'Virem-me, eu estou pronto deste lado.'"

Vincent Riotta para Diane Lane, escritora e excelente cozinheira, em
Sob o sol da Toscana | *Under the Tuscan Sun* (2003)
Direção: Audrey Wells

"Por que eu estou abrindo uma loja de bolos? Porque quase todas as clientes são mulheres."

Joo Ji Hoon em
Antique Bakery | *Sayangkoldong yangwajajeom aentikeu* (2008)
Direção: Kyu-Dong Min

"Lembre-se de que o caminho para o coração de um homem sempre passa pelo estômago."

Frasier Huckle em
Toast: A história de uma criança com fome | *Toast* (2010)
Direção: S.J. Clarkson

"Preciso falar com a cozinheira sobre as almôndegas.
São deliciosas demais para minha cintura."

Eleanor Parker em
A noviça rebelde | *The Sound of Music* (1965)
Direção: Robert Wise

"– Já notou que as melhores
conversas acontecem na cozinha?
– Ah, é o lugar da satisfação e da distração.
Coração do problema. Coração da casa."

Leisha Hailey e **Rachel Hunter** em
Entre vinhos e amores | *La Cucina* (2007)
Direção: Allison R. Hebble

"Duas mulheres numa
cozinha põem fogo na casa."

Esther Minciotti em
Marty (1955)
Direção: Delbert Mann

"Já sentiu um perfume mais perfume que esse? Aprenda. O manjericão do pesto não deve morrer, não deve ser triturado, mas posto no almofariz para ser pisado, pisado para que ele desmaie, porque, quando é jogado sobre a massa quente, dá um grito, e esse grito você tem que engoli-lo, mandar para dentro."

Ugo Tognazzi para Romy Schneider em
A rebelde | *La Califfa* (1970)
Direção: Alberto Bevilacqua

"– Está bêbado, Kim?
– Eu só cozinho assim."

Ulrich Thomsen e **Bjarne Henriksen,** cozinheiro da família, em
Festa de família | *Festen* (1998)
Direção: Thomas Vinterberg

"– Eu cozinho mal.
– Se você jogar a costeleta no forno aquecido, não tem como errar."

Butterfly McQueen e **Joan Crawford** em
As mulheres | *The Women* (1939)
Direção: George Cukor

"Isto aqui desanima qualquer um. Os clientes pedem 'um bifinho', os ajudantes não sabem fazer nada – nem bater, nem picar, defumar, nem fazer caldo de carne! Não há como preparar nada. Por que não há como preparar? Porque não há paixão, por isso! Antes de ser garçom, é preciso ser homem! Senão, você fica meio cozinheiro, meio homem, meio cidadão!"

Eros Pagni, um cozinheiro exigente e mal-humorado, em
O jantar | *La Cena* (1998)
Direção: Ettore Scola

"O sabor é muito importante. Não deve ser só aparência. Não é uma escultura, é um doce. Tem boa aparência e é gostoso."

Marco Leonardi para Mary-Louise Parker,
que confecciona lindos bolos insossos, em
Os cinco sentidos | *The Five Senses* (1999)
Direção: Jeremy Podeswa

"O pão é a realidade,
mas o álcool é a imaginação."

Daniel de Oliveira, como o cantor e compositor Cazuza, em
Cazuza – O tempo não para (2004)
Direção: Sandra Werneck e Walter Carvalho

"Nada de pepitas de ouro. Trufas! (...)
E lá, ao pé da árvore, o milagre, a perfeição!"

Catherine Frot, sobre a colheita das trufas, em
Os sabores do palácio | *Les Saveurs de palais* (2012)
Direção: Christian Vincent

"Eu ia brigar com ele,
mas em respeito ao cuscuz..."

Hafsia Herzi para Habib Boufares em
O segredo do grão | *La Graine et le mulet* (2007)
Direção: Abdellatif Kechiche

"– Que gosto tem? Descreva como Hemingway.
– Bem, tem gosto de pera. Você não
sabe que gosto tem uma pera?
– Eu não sei que gosto a pera tem para você.
– Doce, suculenta, macia quando toca a
língua, como grãos de areia açucarados
que dissolvem na boca."

Nicolas Cage e **Meg Ryan** em
Cidade dos anjos | *City of Angels* (1998)
Direção: Brad Silberling

"**Eu já piquei mais cebolas do que você fez refeições em sua vida.**"

Michel Aumont, um experiente chef de cozinha, em
Jantar de despedida | *Au petit Marguery* (1995)
Direção: Laurent Bénégui

"**– Cheirem as pimentas agora. Você sente cheiro de quê? Pode descrever a sensação?
– Eu sinto o cheiro de um passeio ao luar na praia de Acapulco.**"

Penélope Cruz e **Carlos Gregório** em
Sabor da paixão | *Woman on Top* (2000)
Direção: Fina Torres

"**Bom dia, senhoras e senhores. Ontem aprendemos a maneira correta de esquentar água. Hoje aprenderemos a maneira correta de quebrar um ovo. Aqui está um ovo. Agora, um ovo não é uma pedra, não é feito de madeira, é uma coisa viva. Tem um coração. Então, quando o quebramos, não podemos atormentá-lo. Devemos ter compaixão e executá-lo rapidamente, como com a guilhotina.**"

Marcel Hillaire, professor de culinária, em
Sabrina (1954)
Direção: Billy Wilder

"Gosto de mulheres que gostam de comer."

Jason Lee em
O amor está na mesa | *Cuisine américaine* (1998)
Direção: Jean-Yves Pitoun

**"– Estou feia e magra. Você não gosta de mulheres magras.
– Só as que não gostam de comida."**

Kati Outinen e **André Wilms** em
O porto | *Le Havre* (2011)
Direção: Aki Kaurismäki

"Excitante você na cozinha."

Naveen Andrews para Naomi Watts, como a princesa Diana, em
Diana (2013)
Direção: Oliver Hirschbiegel

"Isto é como sexo. Se a rotina não é boa no sexo, na cozinha também não."

Javier Cámara, um chef de cozinha, em
À moda da casa | *Fuera de carta* (2008)
Direção: Nacho G. Velilla

"– Se não liga para o que dizem, eu ligo.
Uma dama come como um passarinho
quando está em público. Não vou deixar
que devore tudo na casa do Sr. Wilkes.
– Bobagem, Ashley disse que gosta
de garotas com apetite."

Hattie McDaniel e **Vivien Leigh** em
...*E o vento levou* | *Gone with the Wind* (1939)
Direção: Victor Fleming

"Quem come do meu peixe faz amor
até os cem anos!"

Gabriella Giorgelli em
Cidade das mulheres | *La Città delle done* (1980)
Direção: Federico Fellini

"Com quem devo transar para
me servirem uma xícara
de chá com biscoitos?"

Hugh Grant em
Simplesmente amor | *Love Actually* (2003)
Direção: Richard Curtis

"— Tudo em você exala sexo.
— É o seguinte. Foi cheiro
de fome que você sentiu. Eu quero almoçar.
Você quer almoçar. Somos pessoas do mundo.
Precisamos comer e conversar.
— Não tenho certeza da minha fome.
— Coma, vai descobrir."

Sarah Gadon e **Robert Pattinson** em
Cosmópolis | *Cosmopolis* (2012)
Direção: David Cronenberg

"Ao baixar a cabeça nesse dia especial,
vamos fazer uma oração nessa mesa. Uma oração
especial para Mama Joe, que proporciona uma
atração para o Reverendo. Belos peitos e pernas
deliciosas sob a mesa... quer dizer, sobre a mesa."

Carl Wright em
Alimento da alma | *Soul Food* (1997)
Direção: George Tillman Jr.

"Tenho medo do medíocre misturado com o
complicado. A cozinha não perdoa."

Jean Reno, um empresário sofisticado, para Juliette Binoche,
uma esteticista simples, em
Fuso horário do amor | *Décalage horaire* (2002)
Direção: Danièle Thompson

"Comi cebolas no almoço e alho no jantar.
Mas ele nunca saberá. Fico com a boca fresquinha
para beijar com a nova pasta dental Dazzledent."

Marilyn Monroe em
O pecado mora ao lado | *The Seven-Year Itch* (1955)
Direção: Billy Wilder

"Criar filhos é como cozinhar. Seu apetite
sacia quando o prato está pronto."

Shihung Lung, comparando a criação dos filhos ao preparo da comida, em
Comer beber viver | *Yin shi nan nu* (1994)
Direção: Ang Lee

"Acho que a mulher que gosta de
comer gosta de outras coisas..."

Phillipe Noiret em
A comilança | *La Grande bouffe* (1973)
Direção: Marco Ferreri

"– Helena, e o Cláudio, tá mais para
copo d'água ou vodca com tequila?
– O Cláudio? Bota tequila nisso!"

Helena Fernandes e **Gloria Pires,** sobre Tony Ramos, em
Se eu fosse você (2006)
Direção: Daniel Filho

"Sua pele tinha o sabor de sal e seu cabelo cheirava a canela. E quando você me beijou, seus lábios ardiam por causa da pimenta."

Murilo Benício, descrevendo o primeiro encontro com Penélope Cruz, em
Sabor da paixão | *Woman on Top* (2000)
Direção: Fina Torres

"Se Grace havia pensado que a fome impediria suas fantasias sexuais proibidas, o contrário era mais o caso."

John Hurt, sobre Nicole Kidman, em
Manderlay (2005)
Direção: Lars von Trier

"Se comer fosse esporte olímpico, ele já seria campeão mundial."

Timothy Spall, sobre seu filho obeso, em
Agora ou nunca | *All or Nothing* (2002)
Direção: Mike Leigh

"Eu nunca discuto sobre amor de estômago vazio."

Eva Marie Saint em
Intriga internacional | *North by Northwest* (1959)
Direção: Alfred Hitchcock

"Sou o último barman poeta; o país todo bebe os fabulosos drinques que eu preparo; os americanos se embriagam com meus coquetéis, sejam mexidos ou agitados."

Tom Cruise em
Cocktail (1988)
Direção: Roger Donaldson

"– Meu paladar está piorando.
– Confie nos seus instintos quando cozinhar. Não no seu paladar. Como aquele compositor ocidental surdo... Beethoven. Boa música não está no ouvido. Bom sabor não está na boca."

Shihung Lun e **Jui Wang,** velhos amigos e cozinheiros, em
Comer beber viver | *Yin shi nan nu* (1994)
Direção: Ang Lee

"Lembro-me das pessoas pelo que comem, e não pelos nomes."

Jude Law, dono de uma cafeteria, em
Um beijo roubado | *My Blueberry Nights* (2007)
Direção: Kar Wai Wong

> "Prove com o coração. Não importa o que diga a receita, siga sempre seu coração."

Raad Rawi, chef de cozinha, para Shelley Conn, sua filha e aprendiz, em
Índia, amor e outras delícias | *Nina's Heavenly Delights* (2006)
Direção: Pratibha Parmar

> "Eu comi uma uva quente do mercado e a doçura da violeta explodiu na minha boca. Ela até cheira a cor púrpura."

Diane Lane em
Sob o sol da Toscana | *Under the Tuscan Sun* (2003)
Direção: Audrey Wells

> "– Já comeu ova de salmão com ovo de codorna?
> – Não. O que é isso?
> – Parece que está fazendo sexo."

Uma Thurman para **Bryan Greenberg** em
Terapia do amor | *Prime* (2005)
Direção: Ben Younger

"Plantamos nossas sementes.
Pedimos que nossos esforços valham
a pena e produzam comida simples
para nosso paladar simples."

Integrante da comunidade hippie em
Sem destino | *Easy Rider* (1969)
Direção: Dennis Hopper

"– Sabia que os melhores chefs de cozinha são
homens? Aposto que não sabia.
Não está saindo o máximo?
– Você deixou cair uma casca de ovo.
– Fica mais crocante assim!
Gosta de rabanada crocante, não?"

Dustin Hoffman, esforçando-se para preparar rabanadas,
e **Justin Henry,** seu filho, em
Kramer vs. Kramer (1979)
Direção: Robert Benton

"– Ok. Você é o Michael. Está num restaurante
elegante. Você pede crème brûlée de sobremesa.
É lindo, é doce, é irritantemente perfeito.
De repente, percebe que não quer
crème brûlée. Quer outra coisa.
– O que ele quer?
– Gelatina."

Julia Roberts, usando uma metáfora gastronômica, e
Cameron Diaz, tentando entendê-la, pois foi rejeitada pelo noivo, em
O casamento do meu melhor amigo | *My Best Friend's Wedding* (1997)
Direção: P. J. Hogan

"Na Itália, você se senta para comer e faz
uma refeição completa.
Em Paris, você se senta e o que come? Um molho!
E, nos Estados Unidos, o tal de Big Mac
ou lá o que seja."

Isa Miranda em
Quando o coração floresce | *Summertime* (1955)
Direção: David Lean

"– Em Paris, a gente pode comprar cerveja no McDonald's. Tem outro lance: sabe como eles chamam o quarteirão com queijo?
– Não chamam quarteirão?
– Não, por causa do sistema métrico decimal esse nome não teria sentido para eles.
– Como é que eles chamam, então?
– Royale com queijo."

John Travolta e **Samuel L. Jackson,** dois matadores de aluguel
conversando a caminho do próximo trabalho, em
Pulp Fiction – Tempo de violência | *Pulp Fiction* (1994)
Direção: Quentin Tarantino

"Hambúrguer! O pilar de qualquer café da manhã nutritivo."

Samuel L. Jackson em
Pulp Fiction – Tempo de violência | *Pulp Fiction* (1994)
Direção: Quentin Tarantino

"De todos os bares do mundo, ela tinha que entrar logo no meu?!"

Humphrey Bogart, ao saber que Ingrid Bergman está no seu
Rick's Café Americain, em
Casablanca (1942)
Direção: Michael Curtiz

> "De todos os bares do mundo tínhamos que nos encontrar logo aqui?!"

George Clooney para Cheech Marin, sobre o Titty Twister, bar de vampiros, em
Um drink no inferno | *From Dusk Till Dawn* (1996)
Direção: Robert Rodriguez

> "De todos os bares de gim do mundo ela entrou no meu!"

Pierce Brosnan referindo-se à sua ex-mulher, Emma Thompson, em
Um plano brilhante | *Love Punch* (2013)
Direção: Joel Hopkins

> "Cheesebúrgueres caindo do céu... Isso não é natural!"

Tim Lockwood, pai do menino responsável pelo fenômeno, na animação
Tá chovendo hambúrguer | *Cloudy with a Chance of Meatballs* (2009)
Direção: Phil Lord e Christopher Miller

> "Você já deve ter desejado um presente dos céus, mas duvido que imaginou que pudesse ser tão delicioso! Estou no meio de uma chuva de hambúrguer!"
>
> **Sam Sparks** na animação
> *Tá chovendo hambúrguer* | *Cloudy with a Chance of Meatballs* (2009)
> Direção: Phil Lord e Christopher Miller

> "... E, depois de comer uma torta de cebolas e toucinho, renunciou a seu nome, Alonso Quixano, e começou a se intitular Dom Quixote de la Mancha."
>
> **Serafima Birman**, sobre seu patrão, em
> *Dom Quixote* | *Don Kikhot* (1957)
> Direção: Grigori Kozintsev

> "Minha cor preferida é marrom e minha comida favorita é leite condensado seguido de perto por chocolate."
>
> **Mary,** por carta, para o amigo Max Horowitz, na animação
> *Mary e Max – Uma amizade diferente* | *Mary and Max* (2009)
> Direção: Adam Elliot

"Meu camarada, por aqui não dá nem pra cobrar ingresso. Eu troco a entrada por comida, dormida, uma aguardente, uma cuia de farinha e até uma melancia."

Jofre Soares, dono de um cinema itinerante, para José Wilker em
Bye bye Brasil (1980)
Direção: Carlos Diegues

"Amanhã combinamos de almoçar na Brasserie Lipp. Sim, combinamos. Eu tive um professor que jantou lá e viu James Joyce. Isso foi há séculos. E parece que Joyce comeu chucrute e salsicha."

Owen Wilson, sob os olhares espantados de sua noiva
Rachel McAdams e amigos, em
Meia-noite em Paris | Midnight in Paris (2011)
Direção: Woody Allen

"Não é caro esse restaurante. Um restaurante barato e vazio é de duvidar."

Stéphane Audran em
O discreto charme da burguesia | Le Charme discret de la bourgeoisie (1972)
Direção: Luis Buñuel

"– O restaurante vive cheio por causa
da minha comida, não porque é seu.
– É? Vejamos. Carpaccio de peixe com suco
de laranja. Risoto de abóbora com castanhas.
Coelho à piemontesa com redução de vinho e
chocolate. Chama essa droga de comida?
– É para agradar à crítica."

Edoardo Ballerini, um jovem chef, e **Danny Aiello,**
seu pai e proprietário do restaurante, em
Uma receita para a máfia | *Dinner Rush* (2000)
Direção: Bob Giraldi

"Se num país como o nosso fosse chique
fazer uma refeição por dia ao invés de três,
a contradição social cairia porque a diferença
entre aquele que não tem nada para comer
e o que come bastante baixaria
de três refeições para uma."

Cecil Thiré em
Cronicamente inviável (2000)
Direção: Sergio Bianchi

> "– Um bom cozinheiro é como...
> – Um bom cirurgião."
>
> **Ugo Tognazzi** e **Phillipe Noiret** em
> *A comilança* | *La Grande bouffe* (1973)
> Direção: Marco Ferreri

"Em New Haven, um lugar chamado Nuby's, 'Grude' seria um nome melhor. Precisei pedir três vezes até receber um guardanapo. Macarrão cabelo de anjo negro com molho dálmata. Não pergunte o que é. Apenas não prove."

Louis Turenne, crítico gastronômico, em
Três mulheres, três amores | *Mystic Pizza* (1988)
Direção: Donald Petrie

"– Sou meio italiana, adoro cozinhar.
– E a outra metade?
– Norueguesa. Eles adoram comer."

Mary Steenburgen e **Malcolm McDowell** em
Um século em 43 minutos | *Time after Time* (1979)
Direção: Nicholas Meyer

"– Lá em casa, no Ano-Novo, vamos receber a vovó, minha tia Doroteia e meu tio Eugênio.
– Lá em casa, vamos ter linguiça, peru e castanhas."

Maxime Godart e **Vincent Claude** em
O pequeno Nicolau | *Le Petit Nicolas* (2009)
Direção: Laurent Tirard

"– Que droga é essa?
– É uma refeição com baixo teor de colesterol.
– Você quer me matar?
– Se eu fosse fazer isso, usaria as minhas mãos."

Gailard Sartain para **Kathy Bates**,
aludindo às habilidades manuais dela, em
Tomates verdes fritos | *Fried Green Tomatoes* (1991)
Direção: Jon Avnet

"Você comprou todas essas porcarias porque não pode comer em casa, não é? Só faltou o Royale com queijo."

Tea Falco para Jacopo Olmo Antinori em
Eu e você | *Io e te* (2012)
Direção: Bernardo Bertolucci

"Toda noite é esse maldito frango!"

Alan Arkin em
Pequena Miss Sunshine | *Little Miss Sunshine* (2006)
Direção: Jonathan Dayton e Valerie Faris

"Eles estão vindo do mercado com o carrinho cheio de comida de gato. E eles não têm gato! Deve ser para o curry."

Clément Sibony, um cozinheiro francês esnobe,
sobre os cozinheiros indianos, em
A 100 passos de um sonho | *The Hundred-Foot Journey* (2014)
Direção: Lasse Hallström

**"– O que é isso?
– Tofu. É preciso provar coisas novas.
– Não preciso provar para saber
que isso é nojento."**

Jean-Pierre Darroussin, criador de vacas, e Isabelle Huppert, sua esposa, em
Um amor em Paris | *La Ritournelle* (2014)
Direção: Marc Fotoussi

**"– Não coma amendoins em bares.
Todo mundo sabe disso.
– Do que você está falando?
– Bem, digamos que, no mínimo,
17 pessoas comam desse pote numa
noite qualquer. Se ficam aqui duas
semanas, estamos falando de 238 pessoas
que meteram suas mãos sujas nesse pote."**

Ben Stiller e Jennifer Aniston em
Quero ficar com Polly | *Along Came Polly* (2004)
Direção: John Hamburg

"Os americanos precisam saber que um terço
da sua população come no carro."

Thierry Lhermitte em
O palácio francês | *Quai d'Orsay* (2013)
Direção: Bertrand Tavernier

"Aqui os alimentos que não podemos
comer chamamos de 'Satã'."

Luis Gerardo Méndez, instrutor de um Centro de Emagrecimento, em
Paraíso (2013)
Direção: Mariana Chenillo

"Você não reconheceria uma
boa comida nem se ela estivesse
sentada na sua cara."

Jon Favreau, chef de cozinha, para Oliver Platt,
crítico gastronômico, via Twitter, em
Chef (2014)
Direção: Jon Favreau

> "Eu prefiro você sentado na minha
> cara após uma caminhada a
> comer seu Bolo de Lava outra vez."

Oliver Platt, crítico gastronômico, para Jon Favreau,
chef de cozinha, via Twitter, em
Chef (2014)
Direção: Jon Favreau

> "Quando eu colhia feijões na
> Guatemala, a gente fazia café fresco
> direto da plantação. Era bom. Esse é
> uma merda, mas, ei, eu estou
> numa delegacia."

Kevin Spacey em
Os suspeitos | The Usual Suspects (1995)
Direção: Bryan Singer

> "Companheira Maria, você atua muito bem,
> mas a maior prova de amor ao ideal revolucionário
> é comer a sua comida."

Pedro Cardoso para Fernanda Torres em
O que é isso, companheiro? (1997)
Direção: Bruno Barreto

"– O que tem exatamente nessa sopa?
– Por quê? Você não gosta?
– Hum... É deliciosa. Mas eu acho que os ingredientes são um tanto intrigantes."

Alec McCowen, visivelmente desconfiado, e **Vivien Merchant**, em
Frenesi | *Frenzy* (1972)
Direção: Alfred Hitchcock

"– Não pode beber algo que não seja Coca-Cola?
– É o que esperam de nós.
– O quê, Coca-Cola?
– Não. Gororoba americana. Comida ianque gordurosa. É o que esperam, comida pornográfica. (...) Os franceses estão cheios de comida saudável e macrobiótica, vegetais no vapor e algas marinhas."

Michelle Pfeiffer e **John D'Leo**, norte-americanos morando na França, em
A família | *Malavita* (2013)
Direção: Luc Besson

"Depois que cheguei aqui pedi espaguete à marinara e recebi macarrão de ovos e ketchup."

Ray Liotta em
Os bons companheiros | *Goodfellas* (1990)
Direção: Martin Scorsese

"Uma palavra sobre a Sra. Flax e a comida. A palavra é 'hors d'oeuvres'. Aperitivos divertidos é sua maior referência, e é só o que ela cozinha."

Winona Ryder sobre Cher, sua mãe, em
Minha mãe é uma sereia | *Mermaids* (1990)
Direção: Richard Benjamin

"Abençoe esse macarrão com queijo de micro-ondas altamente nutritivo e as pessoas que o venderam na promoção."

Macaulay Culkin em
Esqueceram de mim | *Home Alone* (1990)
Direção: Chris Columbus

"– Qual o problema, não está com fome?
– Sim, mas tudo que me serviram é enlatado. Batatas, feijões, tudo enlatado! Um feijão natural não é azulado, certo?
– Certas coisas ao natural têm as cores mais vibrantes (...) Comida não é tudo na vida."

Britt Ekland e **Edward Woodward** em
O homem de palha | *The Wicker Man* (1973)
Direção: Robin Hardy

"Quando Peter me trazia coisas gostosas, tipo, biscoitos, chocolate, eu comia até me odiar."

Julia Louis-Dreyfus em
À procura do amor | *Enough Said* (2013)
Direção: Nicole Holofcner

"– O que você está fazendo? Eu disse para não queimá-lo. Você está queimando! Traz aqui!
– Você quer seu bife?
– Traz aqui. Traz aqui! Parece um pedaço de carvão! Traz aqui!"

Robert de Niro e **Lori Anne Flax,** sua esposa, numa cena muito tensa, em
Touro indomável | *Raging Bull* (1980)
Direção: Martin Scorsese

"Não se deve fumar antes de comer. Afeta o paladar, queima sua língua e deixa odor na urina."

Michael Gambon para Helen Mirren em
O cozinheiro, o ladrão, sua mulher e o amante |
The Cook the Thief His Wife & Her Lover (1989)
Direção: Peter Greenaway

"Sabe qual é o seu problema?
Você não mastiga a sua comida.
Por isso você está
tão irritado. Você faz bolostrocas.
Tem um rosbife incrustado
no seu coração."

Paul Reiser para Steve Guttenberg em
Quando os jovens se tornam adultos | *Diner* (1982)
Direção: Barry Levinson

"Agrião! Prefiro comer grama."

Phyllis Pova em
As mulheres | *The Women* (1939)
Direção: George Cukor

"Pode ser algo perverso, mas tenho um fraco por
feijões enlatados americanos."

Delphine Seyrig, uma francesa, em
O discreto charme da burguesia | *Le Charme discret de la bourgeoisie* (1972)
Direção: Luis Buñuel

"Toda esta coisa orgânica, sustentável, ecológica, é ruim para a economia. As pessoas não ligam de onde vem seu hambúrguer ou como chega. Apenas querem saborear."

Mario Batali para James Le Gros em
Banquete amargo | *Bitter Feast* (2010)
Direção: Joe Maggio

"– Que tal um queijo fresco?
– Não seja bobo, você não sabe a procedência. Vou querer queijo industrializado."

Oscar Kennedy e **Victoria Hamilton** em
Toast: A história de uma criança com fome | *Toast* (2010)
Direção: S.J. Clarkson

"Minha mãe sempre foi avessa a produtos naturais. Meu nome é Nigel, tenho nove anos e eu nunca comi verduras que não fossem da lata."

Oscar Kennedy em
Toast: A história de uma criança com fome | *Toast* (2010)
Direção: S.J. Clarkson

"– O que vamos fazer a respeito desse jantar?
– Podemos tomar o caldo azul como entrada, confit de laranja como sobremesa e, como prato principal... bem, qualquer gororoba verde fria."

Renée Zellweger e **Colin Firth** em
O diário de Bridget Jones | *Bridget Jones's Diary* (2001)
Direção: Sharon Maguire

"Essa gente não sabe o que é comida. Ponha uma almôndega no prato e vão achar que é bola de boliche."

Danny Aiello em
Uma receita para a máfia | *Dinner Rush* (2000)
Direção: Bob Giraldi

"– Só comi comida de micro-ondas.
– Meu Deus, Pete, quando vai aprender que isso é comida de hippies... E quando estão com larica!"

John Hawkes e **Michael Parks** em
Um drink no inferno | *From Dusk Till Dawn* (1996)
Direção: Robert Rodriguez

"– Comida?
– Não. Obrigada.
– É meio sem graça, não?
Parece um dedo de bebê morto."

Kris Marshall, um garçom servindo canapés, e **Julia Davis,** a dona do bufê, em
Simplesmente amor | *Love Actually* (2003)
Direção: Richard Curtis

"Você gosta de cachorro-quente
de chocolate? Eu inventei uma
receita e posso enviá-la para você."

Mary, por carta, para o amigo Max Horowitz, na animação
Mary e Max – Uma amizade diferente | *Mary and Max* (2009)
Direção: Adam Elliot

"Na semana passada eu inventei hambúrgueres
de espaguete. As receitas são como equações
matemáticas. Dr. Bernard Hazelhof disse que não
devemos pesar mais do que nossa geladeira."

Max, glutão e obeso, por carta, para a amiga Mary, na animação
Mary e Max – Uma amizade diferente | *Mary and Max* (2009)
Direção: Adam Elliot

"– O que você quer? Cordeiro ou carne de vaca?
– Saberemos a diferença?"

Serena Brabazon e **Michael McElhatton** em
Albert Nobbs (2011)
Direção: Rodrigo Garcia

"Estas devem ser as piores tortas de Londres.
Eu sei porque ninguém se dispõe a comê-las."

Helena Bonham Carter, cozinheira e dona de uma loja de tortas, em
Sweeney Todd – O barbeiro demoníaco da rua Fleet | *Sweeney Todd* (2007)
Direção: Tim Burton

"Pegue, por exemplo, a Sra. Mooney.
Sua loja de tortas vai de vento em popa
usando apenas carne de gato e pão torrado.
E um gato dá para fazer seis ou sete tortas."

Helena Bonham Carter, sobre sua concorrente, em
Sweeney Todd – O barbeiro demoníaco da rua Fleet | *Sweeney Todd* (2007)
Direção: Tim Burton

"– Posso preparar algo para você comer.
– Obrigado. Mas na última vez em que você cozinhou acabou com seis das minhas sete vidas."

>> **Jessie** e **Mewtwo** na animação
> *Pokémon, o filme* (1998)
> Direção: Michael Haigney e Kunihiko Yuyama

"Isso não é café. É água suja!"

>> **Marianne Sägebrecht**, num bar à beira da estrada, em
> *Bagdad Café* | *Bagdad Cafe* (*Out of Rosenheim*) (1987)
> Direção: Percy Adlon

"Tomo muito café antes de dormir. Assim sonho mais rápido. É como se tivesse uma câmera de Fórmula Indy daquelas que colocam no carro e tudo passa rápido. Assim, sonho após sonho, após sonho..."

>> **Steven Wright** em
> *Sobre café e cigarros* | *Coffee and Cigarettes* (2003)
> Direção: Jim Jarmusch

"Café. Deveria congelar, não acha? Encher uma fôrma de gelo de café e colocar pauzinhos para as crianças, né? Picolé de cafeína."

Steven Wright em
Sobre café e cigarros | *Coffee and Cigarettes* (2003)
Direção: Jim Jarmusch

"Prefiro morrer comendo hambúrguer do que ter uma couve-flor no meu corpo!"

Frank Langella em
Frank e o Robô | *Robot & Frank* (2012)
Direção: Jake Schreier

"– Não acredito que estamos comendo comida cantonesa! Não existe Sichuan aqui?
– Tem tanto conservante que vou ter um derrame."

Catherine O'Hara e **Winona Ryder**,
nova-iorquinas numa cidade de interior, em
Os fantasmas se divertem | *Beetlejuice* (1988)
Direção: Tim Burton

"Eu pedi cozido. O que é isto? Uma asinha de frango e um pouco de carne seca? E isto, o que seria? Molho verde? Está amarelo! Feito com salsicha murcha! E o bife à milanesa? A jovem está pasma. Olhe para ela. Viu? Isto não é um bife à milanesa, é um famigerado bife empanado. Um bife à milanesa tem um centímetro de espessura e é feito na manteiga."

Giancarlo Giannini, visivelmente irritado, em
O jantar | *La Cena* (1998)
Direção: Ettore Scola

"Quem ainda compra carne italiana? Minha mulher vai à loja de conveniência, pega uma costeleta embrulhada em celofane, abre uma lata de ervilha, e eis o jantar!"

Jerry Paris em
Marty (1955)
Direção: Delbert Mann

"– Posso comer mais uma panqueca?
– Não, não pode. Já comeu duas.
Meninas más não se casam."

Christina Lange e **Annie Potts,** sua mãe repressora, em
Crimes de paixão | *Crimes of Passion* (1984)
Direção: Ken Russell

"Bem, vamos dizer à sua mãe que comemos toda a torta."

Eugene Levy, o pai, para Jason Biggs, o filho, ao ser flagrado usando uma torta de maçã como apetrecho sexual, em
American Pie – A primeira vez é inesquecível | *American Pie* (1999)
Direção: Paul Weitz

"Você tem ideia de como as barras de cereais são feitas? São aquelas raspinhas de lápis do apontador."

Johnny Depp em
A fantástica fábrica de chocolate | *Charlie and the Chocolate Factory* (2005)
Direção: Tim Burton

"Era uma velha tradição. Somente as filhas mais dedicadas colocariam a própria carne numa sopa para salvar a vida da mãe."

Vivian Wu, tirando sangue do próprio braço, em
O clube da felicidade e da sorte | *The Joy Luck Club* (1993)
Direção: Wayne Wang

**"– Gosto de filé bem-passado!
– Vai comer esse malpassado
para nutrir seu sangue."**

Nicolas Cage e Cher em
Feitiço da lua | *Moonstruck* (1987)
Direção: Norman Jewison

**"– Que tal pequenas pipas de framboesa?
– Com rabiola sabor anis!"**

Johnny Depp e Freddie Highmore em
A fantástica fábrica de chocolate | *Charlie and the Chocolate Factory* (2005)
Direção: Tim Burton

**"Coma bem devagar, vai comer
seu primeiro *beignet*."**

Jon Favreau, chef de cozinha, para Emjay Anthony, seu filho, em
Chef (2014)
Direção: Jon Favreau

"Eu fazia biscoitos de aveia, barras de pasta de amendoim, biscoitos de chocolate amargo com macadâmia. Todos comiam, estudavam e se davam melhor nas provas.

Maggie Gyllenhaal, na faculdade, em
Mais estranho que a ficção | *Stranger Than Fiction* (2006)
Direção: Marc Foster

**"– Por que tudo isso aqui é totalmente sem sentido?
– Chocolate não precisa ter sentido.
Por isso é doce."**

Jordan Fry e **Freddie Highmore,**
visitando uma estranhíssima fábrica de chocolate, em
A fantástica fábrica de chocolate | *Charlie and the Chocolate Factory* (2005)
Direção: Tim Burton

**"Um chocolateiro deve ser livre e só.
Deve seguir seus sonhos e que se
danem as consequências."**

Johnny Depp em
A fantástica fábrica de chocolate | *Charlie and the Chocolate Factory* (2005)
Direção: Tim Burton

"Quanto mais escuro o chocolate, melhor o sabor."

Elijah Kelley em
Hairspray – Em busca da fama | *Hairspray* (2007)
Direção: Adam Shankman

**"Você é mais gostosa do que
bolo de chocolate no café."**

Christopher Walken para John Travolta, como Edna,
sua esposa rechonchuda, em
Hairspray – Em busca da fama | *Hairspray* (2007)
Direção: Adam Shankman

**"Nossa, isso não é um simples pavê. Eu não posso
acreditar no que vou dizer, mas é algum tipo de
pudim incrivelmente sexy!"**

Claire Forlaine em
Receitas de amor | *Love's Kitchen* (2011)
Direção: James Hacking

"Isto é incrível! O jeito como começa na boca e viaja até seu cérebro e depois vai para a espinha e explode nos dedos do pé!"

Sean Patrick Flanery, sobre a bomba de caramelo feita por
Sarah Michelle Gellar, em
Simplesmente irresistível | *Simply Irresistible* (1999)
Direção: Mark Tarlov

"Courtney, você vai comer pato defumado com abóbora. Segundo o *New York Matinée* é um prato colorido e misterioso."

Christian Bale para Samantha Mathis em
Psicopata americano | *American Psycho* (2000)
Direção: Mary Harron

"Os japoneses têm esse objetivo de fazer a tigela de sopa perfeita. Até que é bonito. Em cada tigela você tenta atingir a perfeição."

Brittany Murphy, sobre a sopa japonesa preparada com legumes,
verduras, carnes e macarrão (ramen), em
O sabor de uma paixão | *The Ramen Girl* (2008)
Direção: Robert Allan Ackerman

"– Depois do papardelle ao pato, comeria um espetinho de galinha de Arezzo.
– Sim, mas temperado.
– Eu, ao contrário, prefiro cogumelos grelhados, se tiverem.
– Tem, sim, vi chegarem uns lindos!"

Adolpho Celi, Duilio del Prete, Philippe Noiret e **Gastone Moschin,** provocando Hugo Tognazzi, que se recusa a fazer uma refeição com eles, em
Meus caros amigos | *Amici miei* (1975)
Direção: Mario Monicelli

"– Para tudo há uma explicação. É como essas tortas e bolos no fim da noite. O cheesecake e a torta de maçã já acabaram. A torta de pêssego e a musse de chocolate estão no fim, mas a de blueberry permanece intacta.
– Qual o problema com a torta de blueberry?
– Nenhum problema. As pessoas fazem escolhas. A culpa não é da torta de blueberry. Simplesmente ninguém quer."

Jude Law, dono de uma cafeteria, e **Norah Jones,** que foi rejeitada pelo namorado sem razão aparente, em
Um beijo roubado | *My Blueberry Nights* (2007)
Direção: Kar Wai Wong

> "Começamos casamentos com
> bolo e champanhe, vamos encerrar assim."

Sandra Oh para Diane Lane, que comemora seu divórcio, em
Sob o sol da Toscana | *Under the Tuscan Sun* (2003)
Direção: Audrey Wells

> "– Aos quatro anos, já comia aspargos verdes e
> queijo gruyère. Já conhecia os sabores
> extraordinários, como o da laranja com azeite
> e vinagre. Já comeu alguma vez salada
> de laranja com azeite e vinagre?
> – Nunca. Mas não é preciso ser rico para isso.
> – Não é preciso ser rico para comer,
> é preciso ser rico para saborear."

Leonor Silveira e **Luis Miguel Cintra** em
Espelho mágico (2005)
Direção: Manoel de Oliveira

> "Como estão indo, rapazes?
> Vamos nos encontrar essa noite.
> Temos prato de chili. Temos torta de banana."

CCH Pounder, através de uma canção, para os frequentadores de seu bar, em
Bagdad Café | *Bagdad Cafe (Out of Rosenheim)* (1987)
Direção: Percy Adlon

"Galinha frita faz a gente ficar
de bem com a vida!"

Octavia Spencer em
Histórias cruzadas | *The Help* (2011)
Direção: Tate Taylor

"Meu estômago acorda antes de mim.
Vou pegar uma omelete."

Judi Dench, com muita fome no café da manhã, em
Philomena (2013)
Direção: Stephen Frears

"Quem nunca chupou cabeça de
lagostim não viveu a vida."

Carice van Houten em
Borboletas negras | *Black Butterflies* (2011)
Direção: Paula van der Oest

"O sal seca o peixe e ele perde a ternura."

Shihung Lung, um cozinheiro experiente, em
Comer beber viver | *Yin shi nan nu* (1994)
Direção: Ang Lee

"– Gosta de ostras?
– Ostras são um veículo para
biscoitos e ketchup."

Chris Lowell e **Emma Stone** em
Histórias cruzadas | *The Help* (2011)
Direção: Tate Taylor

"Chegamos à casa do patrão. É uma boa pessoa.
Seu macarrão tem substância.
Uma vez comido, vai direto ao intestino e à barriga."

Totò em
O ouro de Nápoles (Episódio: Il guappo) |
L'Oro di Napoli (Segment: Il guappo) (1954)
Direção: Vittorio de Sica

"– Vocês foram colher frutas?
A tarde toda? (...) Que tipo de frutas?
– Amoras, senhor.
– Amoras!? É muito cedo para amoras.
– Eram morangos. Anda tão frio
que eles ficaram azuis."

Christopher Plummer, um pai severo, e **Nicholas Hammond**, seu filho, em
A noviça rebelde | *The Sound of Music* (1965)
Direção: Robert Wise

"**Não deixe isso abalar vocês. Comam cereja. (...) Comam mais cereja!**"

Jack Nicholson, demoníaco e sedutor, oferecendo frutas enfeitiçadas para Cher, Michelle Pfeiffer e Susan Sarandon, em
As bruxas de Eastwick | *The Witches of Eastwick* (1987)
Direção: George Miller

"**– Meu Senhor, está comendo apesar das circunstâncias?
– E por que eu não deveria? O estômago é um órgão que ignora sutilezas.**"

Lise Delamare, como Maria Antonieta, e **Pierre Renoir**, como Luis XVI, em meio à crise política, em
A Marselhesa | *La Marseillaise* (1938)
Direção: Jean Renoir

"**Sou a única americana em Paris que gosta mais de comprar comida do que vestidos.**"

Meryl Streep em
Julie & Julia (2009)
Direção: Nora Ephron

"Para virar qualquer coisa você precisa ter coragem das suas convicções. Sobretudo se a massa for mole."

> **Meryl Streep,** dando aula de culinária, em
> *Julie & Julia* (2009)
> Direção: Nora Ephron

"Caro Charlie, Julia pilotando o fogão me fascina tanto quanto o timpanista numa orquestra."

> **Stanley Tucci,** em carta para o irmão, em
> *Julie & Julia* (2009)
> Direção: Nora Ephron

"Somente alguém que se dá ao trabalho de entender o potencial da Pinot pode fazê-la atingir o seu grau máximo de expressão.
Então, digo... Seus sabores são os mais sedutores, brilhantes, excitantes, sutis e antigos do planeta."

> **Paul Giamatti,** sobre a uva Pinot, em
> *Sideways – Entre umas e outras* | *Sideways* (2004)
> Direção: Alexander Payne

"Colher Pinot Noir é meio como fazer um filme: garantia de partir seu coração."

Toby Jones, como o cineasta Hitchcock, para Sienna Miller, em
A garota | The Girl (2012)
Direção: Julian Jarrold

"Gosto de pensar na vida do vinho. Como é algo vivo. Gosto de pensar no que se passou enquanto as uvas cresciam, como o sol brilhava, se choveu. Gosto de pensar em quem cuidou e colheu as uvas, e, se for um vinho velho, em como essa gente deve estar morta."

Virginia Madsen em
Sideways – Entre umas e outras | Sideways (2004)
Direção: Alexander Payne

"– Lafite Rothschild 78.
– Vai dar esse vinho caríssimo?
– Só tenho esse.
– Não tem vinho de mesa?
– Não tenho, não! Trabalhei como um louco para não precisar beber um vinho de mesa."

Francis Huster e **Thierry Lhermitte** em
Jantar dos malas | Le Dîner de cons (1998)
Direção: Francis Veber

"Assim como Degas usava a tinta, Rodin usava o bronze, Debussy, o piano, Baudelaire, o idioma, Henri Jayer e Philippe de Rothschild usaram a uva. Um grande vinho é uma grande arte, meu amigo."

Alan Rickman para Dennis Farina em
O julgamento de Paris | *Bottle Shock* (2008)
Direção: Randall Miller

"Um Cheval Blanc me dá até vontade de chorar."

Jean Reno em
Como um chef | *Comme un chef* (2012)
Direção: Daniel Cohen

"Destruímos o mito do imbatível vinho francês. E não só na Califórnia. Abrimos os olhos do mundo. Grave minhas palavras. Beberemos vinhos da América do Sul, da Austrália, da Nova Zelândia, da África, da Índia, da China. Não é o fim, Maurice. É apenas o início. Bem-vindo ao futuro!"

Alan Rickman para Dennis Farina, durante a célebre degustação de vinhos em 1976, em
O julgamento de Paris | *Bottle Shock* (2008)
Direção: Randall Miller

"– Tem mais vinho ou ficamos sem?
– Isso é um palácio. Nunca ficamos sem."

Naveen Andrews e **Naomi Watts,** como a princesa Diana, em
Diana (2013)
Direção: Oliver Hirschbiegel

"Tempier bandol, 1969. O tipo do vinho que afeta até os homens mais resistentes."

Albert Finney em
Um bom ano | *A Good Year* (2006)
Direção: Ridley Scott

"Gosto de fazer vinho porque esse néctar sublime é simplesmente incapaz de mentir. Não interessa se as uvas forem colhidas cedo ou tarde demais. O vinho irá sempre sussurrar em sua boca com total honestidade, cada vez que tomar um gole."

Albert Finney em
Um bom ano | *A Good Year* (2006)
Direção: Ridley Scott

"Na Califórnia não fazem vinho,
fazem ponche."

Didier Bourdon em
Um bom ano | *A Good Year* (2006)
Direção: Ridley Scott

"O chamado da uva rouba nosso sono.
Quando ela amadurece, chama o homem."

Anthony Quinn, um vinicultor, em
Caminhando nas nuvens | *A Walk in the Clouds* (1995)
Direção: Alfonso Arau

"Produzo duas vezes menos que os outros.
Não é a quantidade que me interessa,
mas um vinho que envelheça bem."

Béatrice Romand, uma vinicultora, em
Conto de outono | *Conte d'automne* (1998)
Direção: Eric Rohmer

"– Seu vinho de 1989 estava ótimo.
– É. O que eu quero é provar que o
Côtes du Rhône é um vinho que se
conserva bem como o Bourgogne."

Marie Revière e **Béatrice Romand,** uma vinicultora, em
Conto de outono | *Conte d'automne* (1998)
Direção: Eric Rohmer

"– Primeiro você precisa experimentar um vinho.
Você pode me descrevê-lo, o gosto?
– É um bom vinho.
– Dá para melhorar?
– Um vinho intenso com um toque
de sofisticação e falta de pretensão. (...)
Na verdade, estava falando de mim mesma."

Kevin Kline e **Meg Ryan** em
Surpresas do coração | *French Kiss* (1995)
Direção: Lawrence Kasdan

"– De onde tirou o vinho?
– Da adega.
– O Borgonha do meu pai!
– Não é o que o genro deve tomar?
– E eu que bebo cerveja.
– Isso prova apenas que tem pior gosto do que eu."

Anita Björk, uma jovem aristocrata, e **Ulf Palme,**
um criado fazendo-lhe a corte, em
Senhorita Julia | *Fröken Julie* (1951)
Direção: Alf Sjöberg

"A Imperatriz me dizia: 'Meu querido
Munchausen, podemos dizer que esse
vinho é histórico. Em 1663, livrou os vienenses
dos turcos. Se nosso comandante não tivesse
se embebedado com ele, nunca teria tido coragem
para efetuar aquele fantástico ataque.
Como ele via tudo em dobro, inclusive seus cinco mil
homens, foi capaz, graças a esse vinho,
de salvar a cidade de Viena.'"

John Neville, como o barão de Munchausen,
para Peter Jeffrey, o Supremo Sultão, em
As aventuras do Barão de Munchausen | *The Adventures of Baron Munchausen* (1988)
Direção: Terry Gilliam

"– Sei que não tivemos muitas chances para aproveitar bons vinhos nos Estados Unidos, mas este consegui com meu amigo que trabalha com isso. Bem, este rapaz em particular, cultiva as uvas. Ele tem milhares de acres com elas.
– Oh, qual o nome dele? Veuve Cliquot.
– Não. Mumm. Ele é um barão."

Gregory Ratoff e **Ava Gardner** em
E agora brilha o sol | *The Sun Also Rises* (1957)
Direção: Henry King

"– Não podemos tomar um pouco deste vinho agora? Gostaria de fazer um brinde a um homem que conheço na Escócia. Um rapaz muito gentil.
– Bem, este vinho é muito bom para beber brindando. Nunca se deve misturar emoções com um vinho assim, minha querida. Você perde o sabor."

Ava Gardner e **Gregory Ratoff** em
E agora brilha o sol | *The Sun Also Rises* (1957)
Direção: Henry King

**"– Com licença, esses vinhos são diferentes!
– Os dois são tintos."**

Penelope Ann Miller, uma sommelier indignada,
e **Tim Daly,** misturando marcas distintas da bebida, em
O ano do cometa | *Year of the Comet* (1992)
Direção: Peter Yates

**"Por que uma garrafa de vinho de
um milhão de dólares te preocupa?"**

Tim Daly para Penelope Ann Miller, uma sommelier que acaba de
encontrar um vinho produzido por Napoleão no ano de 1811, em
O ano do cometa | *Year of the Comet* (1992)
Direção: Peter Yates

**"– Isso pode ser vinagre...
Um vinho tão antigo pode virar vinagre.
– Eu vou sobreviver. Ou vamos beber uma
maravilhosa taça de vinho ou uma
salada muito cara."**

Penelope Ann Miller e **Tim Daly,**
prestes a experimentar um raro vinho de 1811, em
O ano do cometa | *Year of the Comet* (1992)
Direção: Peter Yates

"Não confio em pessoas que não bebem."

Bruno Ganz em
Trem noturno para Lisboa | *Night Train to Lisbon* (2013)
Direção: Bille August

"Pare de beber desse jeito senão você vai arrebentar o MEU fígado."

Tony Ramos para Gloria Pires, em corpos trocados, em
Se eu fosse você (2006)
Direção: Daniel Filho

"– Suco de laranja? Certamente.
– Não me diga que vai abandonar seu adorado uísque.
– Não, só mudei de cor. Agora prefiro esses mais pálidos."

Cary Grant e **Katharine Hepburn** em
Núpcias de escândalo | *Philadelphia Story* (1940)
Direção: George Cukor

"– Quer água, Coca-Cola, limonada, chá gelado? Iogurte? Café frio, quente, com leite? Um gim-tônica, um Negroni, um sanduíche de presunto?
– Um copo de vinho."

Stefano Accorsi e **Margherita Buy** em
Um amor quase perfeito | *Le Fate ignoranti* (2001)
Direção: Ferzan Ozpetek

"– Você não bebe?
– Não.
– Então do jeito que você acorda nada melhora até o fim do dia."

Howard Duff e **Gerald Busby** em
Cerimônia de casamento | *A Wedding* (1978)
Direção: Robert Altman

"Como você pratica as escalas?
Tentando alcançar um martíni?"

Liberace para Dorothy Malone, ao encontrá-la tocando seu piano, em
O semeador de felicidade | *Sincerely Yours* (1955)
Direção: Gordon Douglas

"– Não é cedo demais para champanhe?
– Nunca é cedo demais para champanhe.
É sempre tarde demais."

Emma Thompson e **Pierce Brosnan** em
Um plano brilhante | *Love Punch* (2013)
Direção: Joel Hopkins

"Tentaram seis remédios diferentes comigo.
Chamam de 'coquetéis'. O único coquetel
que me ajuda é vodca martíni."

Cate Blanchet em
Blue Jasmine (2013)
Direção: Woody Allen

"Coloque aí um uísque, com uma cerveja para
acompanhar. E não poupe no choro, querido."

Greta Garbo, em seu primeiro filme falado, em
Anna Christie (1930)
Direção: Clarence Brown

"Napoleão se deu mal, Hitler se deu mal, mas a Coca-Cola vai se dar bem!"

James Cagney, tentando introduzir na Rússia
o bem-sucedido refrigerante norte-americano, em
Cupido não tem bandeira | *One, Two, Three* (1961)
Direção: Billy Wilder

"A Coca-Cola é uma invenção socialista?"

Katrin Sab em
Adeus, Lênin! | *Good-Bye, Lenin!* (2003)
Direção: Wolfgang Becker

"– Gostaria de uma bebida?
– Ah, sim. White Russian?"

David Thewlis e **Jeff Bridges,** pedindo o drinque que
tomou inúmeras vezes durante o filme, em
O grande Lebowski | *The Big Lebowski* (1998)
Direção: Joel Cohen e Ethan Cohen

"Vamos beber à nossa parceria. Você gosta de gim? É minha única fraqueza."

Ernest Thesiger em
A noiva de Frankenstein | *The Bride of Frankenstein* (1935)
Direção: James Whale

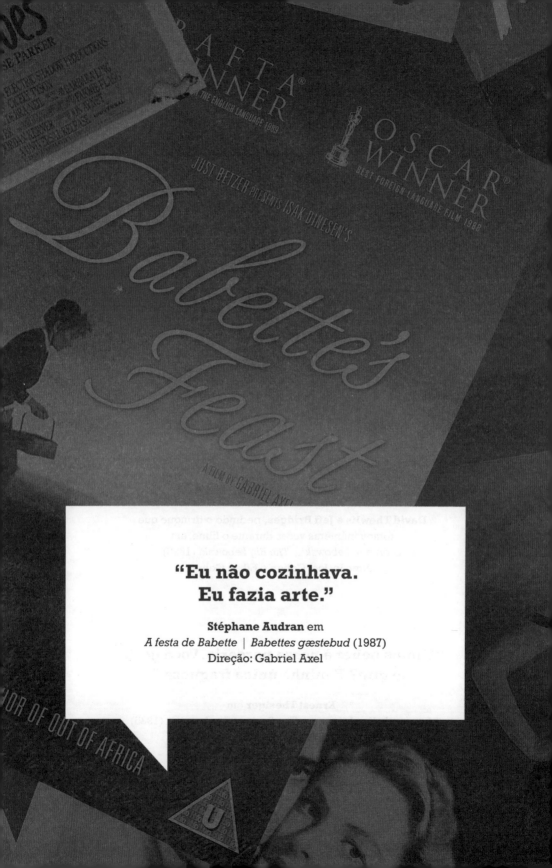

> "Eu não cozinhava.
> Eu fazia arte."
>
> **Stéphane Audran** em
> *A festa de Babette* | *Babettes gæstebud* (1987)
> Direção: Gabriel Axel

**"Está bebendo uma Goudal?
A cerveja das sapas."**

Léa Seydoux para Adèle Exarchopoulos, num bar homossexual, em
Azul é a cor mais quente | *La Vie d'Adèle* (2013)
Direção: Abdellatif Kechiche

**"No ano passado os russos fizeram uma imitação:
Kremlin-Cola. Tentaram os países satélites,
mas nem os albaneses conseguiram beber.
Usaram como isca de peixe."**

James Cagney, sobre a fracassada tentativa de imitação da Coca-Cola, em
Cupido não tem bandeira | *One, Two, Three* (1961)
Direção: Billy Wilder

**"Em um momento como esse, com tanto
em jogo, é completamente indecente
você não precisar de um Porto."**

Wilfrid Hyde-White para Rex Harrison em
Minha bela dama | *My Fair Lady* (1964)
Direção: George Cukor

> "... Deslocando as cestas de frutas para o lugar onde antes se estendia a toalha, os melões e as melancias partidas aos gritos de alegria."

Selton Mello, recordando os piqueniques no bosque com a família, em
Lavoura arcaica (2001)
Direção: Luiz Fernando Carvalho

> "– O que diabos é isso?
> – Uísque com vodca. Todo mundo está bebendo."

Justin Henry, como o vocalista da banda norte-americana The Turtles, e **Royale Watkins**, como o guitarrista Jimi Hendrix, em
Meu jantar com Jimi | *My Dinner with Jimi* (2003)
Direção: Bill Fishman

> "Cuidado, papai, esses Mai Tais podem ser bem traiçoeiros."

Angela Lansbury para Roland Winters em
Feitiço havaiano | *Blue Hawaii* (1961)
Direção: Norman Taurog

"**Um martíni.
Batido, não mexido.**"

Sean Connery em
007 contra Goldfinger | *Goldfinger* (1964)
Direção: Guy Hamilton

"**– O que você está bebendo?
– É algo sem álcool.
– O que é isso?
– É uma cerveja sem álcool... Não tem álcool.
– É cerveja?
– É, mas não tem álcool.
– Mas se você beber o suficiente,
se beber bastante, vai te deixar doidão?
– Não, não tem álcool. Essa é a porra da ideia!**"

Jonah Hill e **Leonardo DiCaprio** em
O lobo de Wall Street | *The Wolf of Wall Street* (2013)
Direção: Martin Scorsese

"**Encontre-me no bar. Vamos beber
o café da manhã juntos.**"

W. C. Fields em
Folia a bordo | *The Big Broadcast of 1938* (1938)
Direção: Mitchell Leisen

"– Não foi correto da parte de seu
pai despejar álcool pela boca dela.
Poderia tê-la matado.
– Não a ela. O gim era como leite para ela."

Isobel Elsom e **Audrey Hepburn** em
Minha bela dama | *My Fair Lady* (1964)
Direção: George Cukor

"– Quando eu desligar o telefone,
chame o Hyman e diga que eu quero
um John Daniels de cabo a rabo.
– Você não quis dizer Jack Daniels?
– Ele pode ser Jack pra você, filho,
mas para mim, que o conheço
há tanto tempo..."

Al Pacino e **Chris O'Donnell** em
Perfume de mulher | *Scent of a Woman* (1992)
Direção: Martin Brest

"Quer espalhar o sangue?"

Jofre Soares oferecendo um copo de cachaça para José Wilker em
Bye bye, Brasil (1980)
Direção: Carlos Diegues

"– E você, Sr. Connor? Você bebe,
não bebe? Álcool, quero dizer.
– Um pouco.
– E é escritor? Pensei que os escritores bebiam
demais para bater em suas esposas."

Cary Grant e **James Stewart** em
Núpcias de escândalo | *Philadelphia Story* (1940)
Direção: George Cukor

"Trago-lhe saudações, o sapatinho
da Cinderela! É chamado de champanhe.
Champanhe é um ótimo 'nivelalador'...
nivelador. Faz de você um semelhante."

James Stewart, um jornalista pobre e embriagado,
para Cary Grant, um milionário, em
Núpcias de escândalo | *Philadelphia Story* (1940)
Direção: George Cukor

"– O que é isso? Tomei um gole
e repintei o banheiro.
– É Fizzy Bubblech. Vai se acostumar.
– Nem meu carro se acostumaria."

Nick Swardson e **Adam Sandler**, sobre um refrigerante israelense, em
Zohan – O agente bom de corte | *You Don't Mess with the Zohan* (2008)
Direção: Dennis Dugan

"Uísque é um tapa nas costas. E champanhe é uma névoa densa diante dos meus olhos."

James Stewart em
Núpcias de escândalo | *Philadelphia Story* (1940)
Direção: George Cukor

"Álcool também é alimento. Principalmente para os franceses. Quando eles bebem, esquecem até a mulher!"

Leila D'Issernio em
O segredo do grão | *La Graine e la mulet* (2007)
Direção: Abdellatif Kechiche

"Quem quer um Papa Duplo? (...) Inventei a maldita bebida e mantenho o estabelecimento de tanto que as bebo."

Clive Owen, interpretando o escritor Ernest Hemingway, conhecido como Papa, em
Hemingway & Martha | *Hemingway & Gellhorn* (2012)
Direção: Philip Kaufman

"Vinho é como a gente. O vinho capta todas as influências à sua volta, absorve-as e ganha sua personalidade."

Kevin Kline para Meg Ryan em
Surpresas do coração | *French Kiss* (1995)
Direção: Lawrence Kasdan

"– Sabe fazer um daiquiri?
– Não há um barman nas redondezas que saiba fazê-lo, exceto eu. Como o quer? À Martinica, à Jamaica, à Ilhas Virgens ou à Trindade?"

Gene Tierney e **Michael Dalmatoff** em
Tensão em Xangai | *The Shangai Gesture* (1941)
Direção: Josef von Sternberg

"Perzovka. (...) É uma experiência imperdível. É como ouvir música ao luar."

Clifton Webb em
O fio da navalha | *The Razor's Edge* (1946)
Direção: Edmund Goulding

"– Preciso de um drinque.
– Quer um café?
– É um salto muito grande
para mim no momento."

Al Pacino e **Chris O'Donnell** em
Perfume de mulher | *Scent of a Woman* (1992)
Direção: Martin Brest

"Ela se embriagou com uma dose de vodca que,
na Carpácia, coloca-se na mamadeira
de uma criança como fortificante."

Laurence Olivier sobre Marilyn Monroe em
O príncipe encantado | *The Prince and the Show Girl* (1957)
Direção: Laurence Olivier

"O que você faz da vida?
Não se importa de continuarmos
bebendo Ramos Gin Fizzes?"

Lizabeth Scott para Humphrey Bogart em
Confissão | *Dead Reckoning* (1947)
Direção: John Cromwell

"– Gim e vermute. Eis um martíni.
– Ah, isso parece incrível!
Acho que vou tomar uma taça,
uma bem cheia!"

Tom Ewell e **Marilyn Monroe** em
O pecado mora ao lado | *The Seven Year Itch* (1955)
Direção: Billy Wilder

"Dá para fazer uísque com quase tudo:
nabo, amora, fubá, casca de árvore."

Shia LaBeouf em
Os infratores | *Lawless* (2012)
Direção: John Hillcoat

"Não gosta de martínis? Ora, aos poucos se aprende
a gostar... Assim como de Ravel."

Joan Crawford para John Garfield em
Acordes do coração | *Humoresque* (1946)
Direção: Jean Negulesco

"— À noite, colocam uma espécie
de conservante.
— Que legal! E o que usam?
— Bacardi.
— Mas isso não tem álcool?
— Bem, apenas o suficiente para
evitar que o leite azede."

Marlon Brando e **Jean Simmons** em
Garotos e garotas | *Guys and Dolls* (1955)
Direção: Joseph L. Mankiewicz

"Gosto de beber vinho enquanto preparo o prato
principal: ovos com batatas chips."

Pauline Collins em
Shirley Valentine (1989)
Direção: Lewis Gilbert

"Paul, venha cá. Conhaque do melhor!
Eu mesmo fiz há 21 anos. O segredo é a idade.
O segredo de tudo é a idade."

Anthony Quinn, um octogenário, para Keanu Reeves, um jovem, em
Caminhando nas nuvens | *A Walk in the Clouds* (1995)
Direção: Alfonso Arau

"**Um Manhattan você agita em ritmo de foxtrote. Um Bronx, hã, no de polca. Já um dry martini, sempre agite em ritmo de valsa.**"

William Powell em
A ceia dos acusados | *The Thin Man* (1934)
Direção: W. S. Dyke

"**– Vermute doce com gelo e limão.
– É minha bebida preferida.
– Minha também. Isso me faz lembrar Roma, o sol batendo nos prédios à tarde!**"

Bill Murray e **Andie MacDowell** em
Feitiço do tempo | *Groundhog Day* (1993)
Direção: Harold Ramis

"**Não dá para botar um javali nas lentilhas? Ou dois?**"

Gérard Depardieu, como o glutão Obelix, em
Asterix & Obelix: Missão Cleópatra | *Astérix & Obélix: Mission Cléopâtre* (2002)
Direção: Alain Chabat

"– Salada Cobb, sem Roquefort.
– Idem, sem beterraba.
– Idem, sem bacon.
– Idem, sem ovos."

Casey Wilson, Vanessa Ferlito, Jilian Bach e **Amy Adams,** pedindo um almoço com poucas calorias e muita falta de imaginação, em
Julie & Julia (2009)
Direção: Nora Ephron

"Talvez pensem que desossar um pato é uma façanha impossível. O procedimento levará 45 minutos na primeira tentativa por conta do receio. Não tenha medo. Pegue a faca e encare o pato!"

Meryl Streep, dando aula de culinária, em
Julie & Julia (2009)
Direção: Nora Ephron

"Foi a melhor torta de marshmallow que fiz em minha vida... Torta de marshmallow de sereia! Eu inventei quando tinha nove anos, na minha fase de Pequena Sereia."

Keri Russell em
Garçonete | Waitress (2007)
Direção: Adrienne Shelly

"**Estou de caso com minha pizza.**"

Julia Roberts em
Comer, rezar, amar | *Eat Pray Love* (2010)
Direção: Ryan Murphy

"**– Não posso comer.
– É pizza de margherita de Nápoles.
É sua obrigação moral comê-la.**"

Tuva Novotny e **Julia Roberts** em
Comer, rezar, amar | *Eat Pray Love* (2010)
Direção: Ryan Murphy

"**Que diabos você acha que
Leona coloca nesta pizza?**"

Lili Taylor para Julia Roberts, sobre o segredo do molho de Conchata
Ferrell, proprietária do restaurante em que trabalham, em
Três mulheres, três amores | *Mistic Pizza* (1988)
Direção: Donald Petrie

"Senhorita Morris, sou perfeitamente
capaz de preparar meu próprio café da manhã.
Na verdade, comi um sanduíche de pasta
de amendoim com dois whisky sours."

Tom Ewell para Marguerite Chapman em
O pecado mora ao lado | *The Seven Year Itch* (1955)
Direção: Billy Wilder

"Isso se chama doce de leite.
É a coisa mais deliciosa do mundo.
Vocês se esqueceram de inventar."

Ricardo Darín, um argentino, para Ignacio Huang, um chinês, em
Um conto chinês | *Un cuento chino* (2011)
Direção: Sebastian Borensztein

"O modo adequado de comer um figo na sociedade
é dividi-lo em quartos, segurando-o pelo toco e
abrindo-o. Então surge uma flor
de quatro pétalas, cor-de-rosa e úmida.
Aí, joga-se a casca fora após ter tirado a flor
com os lábios. A forma vulgar é pôr a boca
no figo e tirar a carne com uma mordida."

Alan Bates, com muita sensualidade, em
Mulheres apaixonadas | *Women in Love* (1969)
Direção: Ken Russell

"Que mesa pobre! Nenhuma ratazana?"

Willem Dafoe, interpretando um vampiro, em
A sombra do vampiro | *Shadow of the Vampire* (2000)
Direção: E. Elias Merhige

"Nesta cidade, em tempos como estes é muito rude não comer o que está à sua frente."

Paul Bettany, oferecendo um pedaço de pão
para Nicole Kidman, em
Dogville (2003)
Direção: Lars von Trier

**"– Você está bem de saúde?
Estou te achando um pouco magro.
– Não. Polly tem me feito comer comida étnica e tenho vomitado muito ultimamente."**

Philip Seymour Hoffman e **Ben Stiller** em
Quero ficar com Polly | *Along Came Polly* (2004)
Direção: John Hamburg

"Eu amei o sangue desde que o provei."

Emmanuelle Riva em
Hiroshima, meu amor | *Hiroshima, mon amour* (1959)
Direção: Alan Resnais

"Meu pai nos ensinou que deveríamos comer até as onze da manhã, antes do sol do meio-dia. E até as quatro da tarde. Ou então o que se come apodrece no estômago."

Giuseppe Ianigro em
Amarcord (1973)
Direção: Federico Fellini

"Eu não passo de um petisco aqui. Apenas um croquete com penas."

Blu, uma arara-azul doméstica numa floresta, na animação
Rio (2011)
Direção: Carlos Saldanha

"– O que é isso?
– Ó negativo. É delicioso!
– Picolé de sangue!"

Tom Hiddleston e **Tilda Swinton,** vampiros vivendo no século XXI, em
Só os amantes sobrevivem | *Only Lovers Left Alive* (2013)
Direção: Jim Jarmusch

> "– Um rato!
> – Obrigado. Estou satisfeito."

Breckin Meyer e **Bill Murray,** dublando o gato **Garfield,** em
Garfield – O filme | *Garfield* (2004)
Direção: Peter Hewitt

> "Eu sei o que é churrasco. O animal é cuspido longe.
> Eu também conheço o cheiro pútrido
> e fétido da carne."

Féodor Atkine, um cliente esnobe, reclamando de seu bife, em
Jantar de despedida | *Au petit Marguery* (1995)
Direção: Laurent Bénégui

> "Eu comi insetos no almoço."

Kate Kapshaw em
Indiana Jones e o Templo da Perdição |
Indiana Jones and the Temple of Doom (1984)
Direção: Steven Spielberg

★

> "Ei, Paul! Arranje uma reserva no
> Dorsia agora, seu escroto!"

Christian Bale, esquartejando Jared Leto, em
Psicopata americano | *American Psycho* (2000)
Direção: Mary Harron

"Em Manderlay,
os escravos jantam às sete horas da noite.
A que horas as pessoas jantam quando são livres?"

Danny Glover em
Manderlay (2005)
Direção: Lars von Trier

"Eu não posso comer isso, ele usa as mãos.
Eu acho que é anti-higiênico."

Marti Greenberg, quando Johnny Depp lhe oferece um pedaço de carne, em
Edward Mãos de Tesoura | Edward Scissorhands (1990)
Direção: Tim Burton

"Amigo Pascal, o dia que você der as caras
no Xantarela, vai comer tão
bem que vai ter pena de cagar tudo."

Javier Cámara, um chef de cozinha, aguardando um crítico gastronômico, em
À moda da casa | Fuera de carta (2008)
Direção: Nacho G. Velilla

"Dom João morreu tomando sopa de galinha."

Brent Hieatt em
Carlota Joaquina – Princesa do Brasil (1995)
Direção: Carla Camurati

"– Beber é uma forma de se matar?
– Ou me matar é uma forma de beber?"

Elizabeth Shue e **Nicolas Cage** em
Despedida em Las Vegas | *Leaving Las Vegas* (1995)
Direção: Mike Figgis

"Ele era o guerrilheiro da indústria alimentícia. Além de temperar a lagosta, ele peidava nos merengues, e com a sopa de cogumelo cremosa... você pode imaginar."

Edward Norton, sobre Brad Pitt, urinando no crustáceo, em
Clube da luta | *Fight Club* (1999)
Direção: David Fincher

"É bife passado na manteiga pra cachorra e fome pra João Grilo. É demais!"

Mateus Nachtergaele em
O auto da compadecida (2000)
Direção: Guel Arraes

"É um pecado tomar chá em copo de papel."

Emma Thompson, uma cidadã britânica nos Estados Unidos, em
Walt nos bastidores de Mary Poppins | *Saving Mr. Banks* (2013)
Direção: John Lee Hancock

"– Não pode voltar a pé com um pouco
de chocolate e vinho na barriga.
– Então vou cortar um pedaço dos pilotos."

Bruce Ramsay e **Ethan Hawke,** sobreviventes de
um desastre de avião, em
Vivos | *Alive* (1993)
Direção: Frank Marshall

"Segurem minha mão e jurem.
Quem quer que morra aceitará
que seu corpo sirva de comida."

Josh Hamilton, sobrevivente de um desastre de avião, em
Vivos | *Alive* (1993)
Direção: Frank Marshall

"Você matou a minha filha?
Você comeu a minha filha?"

Michael Parks para Bill Sage, fanático religioso, em
Somos o que somos | *We Are What We Are* (2013)
Direção: Jim Mickle

"Vamos ver se você é tão gostoso quanto seu irmão."

Salma Hayek, uma vampira, para George Clooney em
Um drink no inferno | *From Dusk Till Dawn* (1996)
Direção: Robert Rodriguez

"Ah, a sobremesa! Cérebro de macaco gelado."

Arthur F. Repola em
Indiana Jones e o Templo da Perdição |
Indiana Jones and the Temple of Doom (1984)
Direção: Steven Spielberg

**"— Acho que vou ficar enjoada.
— Experimente isso. Drops arco-íris.
Vai cuspir em sete cores diferentes."**

Nora Denney e **Gene Wilder** em
A fantástica fábrica de chocolate |
Willy Wonka & the Chocolate Factory (1971)
Direção: Mel Stuart

**"– Aquele almoço foi horrível!
– Muito ruim! Um restaurante onde
você faz a própria comida!"**

Scarlett Johansson e **Bill Murray,** dois norte-americanos no Japão, em
Encontros e desencontros | *Lost in Translation* (2003)
Direção: Sofia Copolla

**"A gente não pode continuar trabalhando tanto
assim só por algumas pizzas."**

Jorge Sesan, membro de uma gangue de trombadinhas, em
Pizza, cerveja, cigarro | *Pizza, birra, faso* (1998)
Direção: Adrián Caetano e Bruno Stagnaro

"É minha merda."

Octavia Spencer, revelando um dos ingredientes da torta de chocolate,
para Bryce Dallas Howard, que a estava devorando, em
Histórias cruzadas | *The Help* (2011)
Direção: Tate Taylor

**"Cozinhei o cérebro de
algumas pessoas e comi."**

Christian Bale em
Psicopata americano | *American Psycho* (2000)
Direção: Mary Harron

"Meu pai é anoréxico. Ele lutou na Baía
dos Porcos em Cuba e foi aprisionado.
E, no tempo em que ficou lá, foi torturado com
comida. Todo dia diziam que havia veneno na
comida e ele forçava o vômito após cada refeição."

Anna Faris em
Encontros e desencontros | *Lost in Translation* (2003)
Direção: Sofia Copolla

"Tragam suas mulheres. Mulheres por comida."

Gael García Bernal em
Ensaio sobre a cegueira | *Blindness* (2008)
Direção: Fernando Meirelles

"– Senhorita, dieta normal ou cardíaca?
– Não sei. Tive uma tontura e caí na rua.
– Do tipo hipovitaminas, anêmica, febre, tendência
ao colapso, ou seja, fome. Macarrão."

Nino Manfredi, enfermeiro, e **Stefania Sandrelli,**
paciente internada no hospital, em
Nós que nos amávamos tanto | *C'eravamo tanto amati* (1974)
Direção: Ettore Scola

> **"Coma, Michel. Coma!**
> **Se você não comer, não vai morrer."**

Ugo Tognazzi para Michel Piccoli, que combinaram de comer até a morte, em
A comilança | *La Grande bouffe* (1973)
Direção: Marco Ferreri

> **"Sempre pensei o que seria de mim quando ele**
> **morresse. E tudo que eu sinto agora é fome."**

Lillete Dubey, ao perder o marido, em
The Lunchbox | *Dabba* (2013)
Direção: Ritesh Batra

> **"Você inicia uma greve de fome para protestar pelo**
> **que acredita, não a inicia porque está determinado**
> **a morrer, ou perdi algo?"**

Rory Mullen, um padre, para Michael Fassbender,
militante político, em
Fome | *Hunger* (2008)
Direção: Steve McQueen

> **"Wee Willie Winkie.**
> **Canto para matar a fome."**

Samrat Chakrabarti, artista de rua, em
Os filhos da meia-noite | *Midnight's Children* (2012)
Direção: Deepa Mehta

"Eu alimento milhões de pessoas e, no futuro, talvez o mundo todo."

Julien Guiomar, fabricante de comida industrializada, em
A asa ou a coxa | *L'Aile ou la cuisse* (1976)
Direção: Claude Zidi

"Coma! Só os mortos fazem jejum, e nós ainda estamos vivos."

Mario Pupella, chefe da máfia siciliana, para Saleh Bakri,
assassino profissional, em
Salvo – Uma história de amor e máfia | *Salvo* (2013)
Direção: Fabio Grassadonia e Antonio Piazza

**"– Eu não como há dois dias!
– Ah! Nem me fale! Não consigo mais pintar naturezas-mortas, comi todas as peras e maçãs do estúdio. E olha que eram de cera!"**

Selton Mello e **Pedro Paulo Rangel** em
Caramuru – A invenção do Brasil (2001)
Direção: Guel Arraes

"Vou trazer alguém para você.
Alguém para matar sua fome."

Catherine Deneuve, uma vampira milenar,
para Susan Sarandon, um vampira novata, em
Fome de viver | *The Hunger* (1983)
Direção: Tony Scott

"Precisamos conversar sobre como vocês, como
cada um de vocês, à sua própria maneira, vai se
virar para se livrar da comida sem a anfitriã saber.
Eis o que eu sugiro: uma garfada do que for...
uma fritada de vagem, digamos. Finjam mastigar,
tussam, levem o guardanapo à boca, cuspam a
comida nele, peçam licença e joguem na privada."

Patricia Clarkson, sobre o jantar preparado por
Katie Holmes, sua filha rebelde, em
Do jeito que ela é | *Pieces of April* (2003)
Direção: Peter Hedges

"– Como preparou a massa? O que você colocou?
– Coloquei macarrão cozido, berinjelas fritas,
tomate, uva-passa, pão ralado, nozes, pecorino...
– E veneno para ratos!
Quatro saquinhos só no seu prato."

Nino Manfredi, Linda Moretti, sua esposa, e **Giovanni Rovini,** como sua
mãe, denunciando a conspiração da família para matá-lo, em
Feios, sujos e malvados | *Brutti, sporchi e cattivi* (1976)
Direção: Ettore Scola

"– Ele está morto. Eles entupiram sua boca
de folhas de papel arrancadas de seu livro favorito.
Poderia cozinhá-lo?
– Quem?
– Michael.
– Não!
– Você é conhecido em muitos lugares por seus
pratos experimentais. Ele pode ser saboroso."

> **Helen Mirren,** cujo amante foi assassinado,
> e **Richard Bohringer,** chef de cozinha, em
> *O cozinheiro, o ladrão, sua mulher e o amante* |
> *The Cook the Thief His Wife & Her Lover* (1989)
> Direção: Peter Greenaway

"Fiquei jovem comendo meus bolinhos."

Bai Ling, que prepara seu famoso quitute com pedaços de fetos abortados, em
Escravas da vaidade | *Dumplings* (2004)
Direção: Fruit Chan

> "Eu tinha vinte anos. Estava com meu meio-irmão de um ou dois anos. Cuidava que sua comida não estivesse muito quente. Provo-a. Está morna. E descubro outra coisa. Está muito boa. Com bastante molho de tomate. Como avidamente enquanto ele chora de desespero. Mas eu acho que ele sobreviveu à fome que passou neste dia."

Toni Servillo em
As consequências do amor | *Le Conseguenze dell'amore* (2004)
Direção: Paolo Sorrentino

> "Pronto, comam esse. Precisam comer algo para continuarem. Comer é uma coisa boa em momentos assim. Espero que gostem dos meus muffins."

Lyle Lovett, um padeiro, para Bruce Davison e Andie MacDowell, cujo filho morreu atropelado, em
Shortcuts – Cenas da vida | *Shortcuts* (1993)
Direção: Robert Altman

"Cobro caro por tudo que for preto. Uvas, azeitonas, amoras. As pessoas gostam de ser lembradas da morte. Comer comida preta é como consumir a morte, como se dissessem: 'Morte, estou comendo você.' As trufas pretas são as mais caras... E o caviar. Morte e nascimento. O fim e o começo."

Richard Bohringer, chef de cozinha, em
O cozinheiro, o ladrão, sua mulher e o amante |
The Cook the Thief His Wife & Her Lover (1989)
Direção: Peter Greenaway

"– Há um minuto ela queria ir para casa, mas você não deu bola, ela ficou deprimida e tomou um gaspacho.
– E por isso está dormindo?
– É. O gaspacho estava cheio de comprimidos."

Carmen Maura e **Antonio Banderas,** sobre Rossy de Palma,
completamente desacordada, em
Mulheres à beira de um ataque de nervos |
Mujeres al borde de um ataque de nervios (1988)
Direção: Pedro Almodóvar

"– Como ele morreu?
– Ele morreu quando bebeu vinho envenenado.
– Como é que o veneno foi parar lá?
– Fomos nós que o pusemos lá... no vinho.
Nota-se menos do que no chá."

Cary Grant e **Jean Adair** em
Este mundo é um hospício | *Arsenic and Old Lace* (1944)
Direção: Frank Capra

"– Vocês pretendem me comer? Vivo?
– Não! Primeiro a gente assa bem."

Selton Mello, um português, e **Deborah Secco,** uma índia, em
Caramuru – A invenção do Brasil (2001)
Direção: Guel Arraes

"– Lembra-se do veneno que o avô deixou no laboratório? Sabe a mania que a tia Martha tem de misturar comidas...
– Pois então, para cada galão de vinho de sabugueiro junto uma colher de arsênico, um pouco de estricnina e uns grãozinhos de cianureto."

Josephine Hull e **Jean Adair,** amáveis velhinhas que matam homens idosos
e solitários por caridade, para Cary Grant, seu sobrinho, em
Este mundo é um hospício | *Arsenic and Old Lace* (1944)
Direção: Frank Capra

"Veja, para se fazer um ótimo vinho você deve ter uma alma de jogador."

Kevin Kline para Meg Ryan em
Surpresas do coração | *French Kiss* (1995)
Direção: Lawrence Kasdan

"Eu tinha saído de casa para me matar e voltei com as amoras. Uma amora salvou a minha vida (...) Uma amora comum sem qualquer importância."

Abdolrahman Bagheri em
Gosto de cereja | *Ta'm e guilass* (1997)
Direção: Abbas Kiarostami

"Vai desistir do gosto de cereja?"

Abdolrahman Bagheri, sobre as delícias da vida,
para Homayoun Ershadi, um suicida, em
Gosto de cereja | *Ta'm e guilass* (1997)
Direção: Abbas Kiarostami

"Tem cara de quem tem fome (...) É tão pouco, mas foi o que consegui mais rápido."

Pablito Calvo, um menino órfão criado num convento, oferecendo um
pedaço de pão à imagem de Cristo crucificado, em
Marcelino pão e vinho | *Marcelino pan y vino* (1955)
Direção: Ladislao Vajda

> "Tinha apenas que manter-me vivo. Procurar bastante comida para sobreviver. A fome me motivava. E também o terrível pensamento de que sem alimento o processo se aceleraria."

Grant Williams, diminuindo de tamanho dia após dia, em
O incrível homem que encolheu | *The Incredible Shrinking Man* (1957)
Direção: Jack Arnold

> "Doce é uma perda de tempo.
> Nenhum filho meu vai ser chocolateiro!"

Christopher Lee, pai de um futuro célebre fabricante de chocolate, em
A fantástica fábrica de chocolate | *Charlie and the Chocolate Factory* (2005)
Direção: Tim Burton

> "Ossobuco alla milanese... melanzane... parmeggiana com spinach... mozzarella... gorgonzola!"

Kevin Kline para Jamie Lee Curtis,
que se excita com a língua italiana, em
Um peixe chamado Wanda | *A Fish Called Wanda* (1988)
Direção: Charles Crichton

"'Caille en Sarcophage' era o
prato favorito do general Galeifit, o qual tinha
a interessante ideia de que essa mulher,
essa chef de cozinha, conseguia transformar um
jantar em uma espécie de caso de amor.
Sim, um caso de amor que não fazia distinção
entre apetites espirituais... e outros."

Jarl Kulle em
A festa de Babette | Babettes gæstebud (1987)
Direção: Gabriel Axel

"Você come muito depressa o marshmallow.
Um marshmallow é como um show de striptease:
tem que ser aos poucos."

Niels Schneider para Xavier Dolan em
Amores imaginários | Les Amours imaginaires (2010)
Direção: Xavier Dolan

"Prove! É bouillabaisse. É suruba de peixes!"

Gérard Depardieu em
Bem-vindo a Nova York | Welcome to New York (2014)
Direção: Abel Ferrara

"**Às vezes o espaguete gosta de ficar sozinho.**"

Stanley Tucci em
A grande noite | *Big Night* (1996)
Direção: Campbell Scott e Stanley Tucci

"**Deixe a arma. Pegue o cannoli.**"

Richard S. Castellano em
O poderoso chefão | *The Godfather* (1972)
Direção: Francis Ford Coppola

"**– Bertie, você vai comer cachorro-quente amanhã?
Não é como oferecer purê de batata
e salsicha ao primeiro-ministro?
– Vou comer cinco, dez... Vai entrar pela boca,
pelo nariz, vou enfiar por todos os orifícios.**"

Olivia Colman e **Samuel West,** reis da Inglaterra, sobre o piquenique que
será oferecido pelo presidente norte-americano, em
Um final de semana em Hyde Park | *Hyde Park on Hudson* (2012)
Direção: Roger Michell

> "Um homem sábio diz:
> 'O perdão é divino, mas nunca pague preço
> cheio por uma pizza atrasada.'"

Michelan Sisti, como a tartaruga ninja Miquelângelo, louco por pizza, em
As tartarugas ninja | *Teenage Mutant Ninja Turtles* (1990)
Direção: Steve Barron

> "– Claro que vocês já experimentaram a pizza
> de cinco queijos. Mas isso... Fanáticos por queijo
> especulam sobre a existência dela há séculos.
> A obra-prima original de Da Vinci.
> Eu apresento a vocês... Novantanove Formaggi,
> a pizza de 99 queijos!
> – Não é possível!
> – Miquelângelo, é uma armadilha!
> Pizza com essa variedade de queijo
> é uma impossibilidade culinária."

Danny Woodburn, como Splinter, **Noel Fisher,** como Miquelângelo,
e **Jeremy Howard,** como Donatello, em
As Tartarugas Ninja | *Teenage Mutant Ninja Turtles* (2014)
Direção: Jonathan Liebesman

> "A manteiga era o meu mundo!"

Jennifer Garner, participante de uma competição de
esculturas em manteiga, em
Butter – Deslizando na trapaça | *Butter* (2011)
Direção: Jim Field Smith

"– Senhor, isso foi o que eu pedi?
– Sim, isso é risoto. É uma receita
especial que eu e meu irmão trouxemos
da Itália. É delicioso, eu juro.
– Demorou tanto que achei
que tinha ido à Itália buscar."

Caroline Aaron e **Stanley Tucci** em
A grande noite | *Big Night* (1996)
Direção: Campbell Scott e Stanley Tucci

"Chá é um bálsamo para a alma."

Emma Thompson em
Walt nos bastidores de Mary Poppins | *Saving Mr. Banks* (2013)
Direção: John Lee Hancock

"Quer queijo? Esse é mais natural. As mulheres
egípcias faziam tampões higiênicos com esterco
de crocodilo e esponjas marinhas. Tudo natural!
Roquefort é natural. É meu queijo favorito."

Salah Teskouk em
Jantar de despedida | *Au petit Marguery* (1995)
Direção: Laurent Bénégui

"Mil-folhas dá muito trabalho pra fazer. Só para o homem da vida."

Fernanda Machado em
Confia em mim (2014)
Direção: Michel Tikhomiroff

"Pegue o biscoito, molhe no leite e coma-o."

Maggie Gyllenhaal, cozinheira especialista em cookies,
para Will Ferrell, um pouco resistente, em
Mais estranho que a ficção | *Stranger Than Fiction* (2006)
Direção: Marc Foster

"Alex, estou louca para comer pepinos Spreewald."

Katrin Sab em
Adeus, Lênin! | *Good-bye, Lenin!* (2003)
Direção: Wolfgang Becker

"– Olha que coisa maravilhosa!
– Você come peixe para ficar olhando a espinha?"

Jiro, um designer apaixonado por formas, e **Honjo** em
Vidas ao vento | *Kaze Tachinu* (2013)
Direção: Hayao Miyazaki

"Senhor, à sua família e às suas vacas, digo: 'Bravo!'"

Christoph Waltz, um oficial nazista, bebendo um copo de leite,
para Denis Ménochet, um fazendeiro francês, em
Bastardos inglórios | *Inglourious Basterds* (2009)
Direção: Quentin Tarantino

"A Korova vendia leite magro e gordo e leite vitaminado, que era o que estávamos bebendo. Um estimulante capaz de levar qualquer pessoa a um pouco de ultraviolência."

Malcom McDowell, um delinquente com sua gangue, em
Laranja mecânica | *A Clockwork Orange* (1971)
Direção: Stanley Kubrick

"– Eu ia deixar pra assar no Natal,
mas achei melhor... É seu aniversário.
– Você matou o Bil, Cledir!"

Claudia Abreu e **Murilo Benício,** ao ver seu porco de
estimação na mesa de jantar, em
O homem do ano (2003)
Direção: José Henrique Fonseca

"**Pastilhas Eternas. Para crianças com pouco dinheiro. Podem ser chupadas para sempre.**"

Gene Wilder em
A fantástica fábrica de chocolate | *Willy Wonka & the Chocolate Factory* (1971)
Direção: Mel Stuart

"**– O que é esse negócio verde?
– Espinafre. É só omelete, cara.
Ovos, queijo e champignon. Coma tudo, filho.
Deixe sua mãe orgulhosa.**"

Justin Henry, como o vocalista da banda norte-americana The Turtles,
e **Royale Watkins,** como o guitarrista Jimi Hendrix, em
Meu jantar com Jimi | *My Dinner with Jimi* (2003)
Direção: Bill Fishman

"**Opa... Os danadinhos deslizam.**"

Julia Roberts, comendo escargot pela primeira vez, em
Uma linda mulher | *Pretty Woman* (1990)
Direção: Garry Marshall

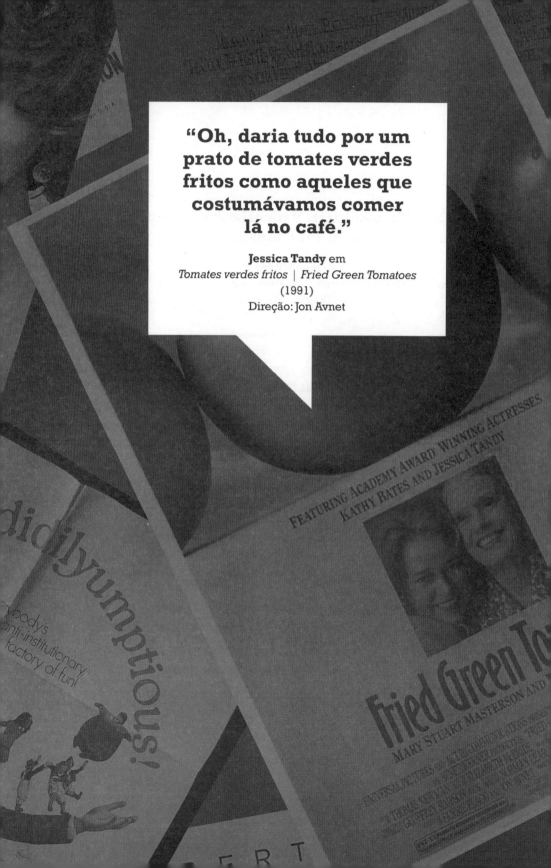

"Oh, daria tudo por um prato de tomates verdes fritos como aqueles que costumávamos comer lá no café."

Jessica Tandy em
Tomates verdes fritos | *Fried Green Tomatoes*
(1991)
Direção: Jon Avnet

"— Que delícia! Meu Deus, não como manteiga de verdade desde garotinha! Onde você conseguiu?
— Num trem com suplementos do governo para o chanceler Sutler.
— Você roubou do chanceler Sutler?
— Sim."

Natalie Portman e **Hugo Weaving**,
sobre o produto exclusivo do parlamentar, em
V de vingança | *V for Vendetta* (2005)
Direção: James McTeigue

"Macarrão! Macarrão! Comida de caminhoneiro! Eu não como macarrão. Sou americano (...) Americanos comem marmelada! 'Marmelada!' Iogurte, mostarda. É por isso que os americanos vencem os apaches! Combatem os índios! Eles não bebem vinho tinto, bebem leite, e assim não se embebedam."

Alberto Sordi, um italiano que idolatra os norte-americanos, em
Um americano em Roma | *Un americano a Roma* (1954)
Direção: Steno

"Eu tô tendo um orgasmo só de pensar na quantidade de croissant que eu vou comer!"

Clarice Falcão em
Eu não faço a menor ideia do que eu tô fazendo com a minha vida (2012)
Direção: Matheus de Souza

"– O xarope de bordo deve estar
na mesa antes das panquecas.
– Nós ainda não pedimos, Ray.
– Claro, quando elas trazem o
xarope de bordo depois das panquecas,
definitivamente é tarde demais."

Dustin Hoffman e **Tom Cruise** em
Rain Man (1988)
Direção: Barry Levinson

"– Acho que vou tentar a coisa marrom.
Ou será muito pesado para um estômago inglês?
– Evite as carnes, se você estiver com receio."

Anthony O'Donnell, como Dr. Watson, e **Claudio Marzo**,
como o imperador D. Pedro II, sobre a feijoada, em
O Xangô de Baker Street (2001)
Direção: Miguel Faria Jr.

"Agrião. Eu costumava ter as
piores indigestões. Com isto,
posso comer um caminhão de fogo
cheio de pimenta e dormir como um bebê."

Clive Owen em
Hemingway & Martha | *Hemingway & Gellhorn* (2012)
Direção: Philip Kaufman

> "Ode ao sorvete por Vada Sultenfuss.
> Eu gosto de sorvete realmente, principalmente quando
> o dia está quente. Na casquinha ou no copinho,
> é o que eu peço pro paizinho. De baunilha, chocolate ou
> crocante, com torta ou refrigerante."

Anna Chlumsky em
Meu primeiro amor | *My Girl* (1991)
Direção: Howard Zieff

> "– É bolo ou torta?
> – É bolo. Não há crosta por baixo.
> Não pode ser torta."

John C. Reilly e **Jodie Foster**, muito tensos, oferecendo
o quitute a Christoph Waltz e Kate Winslet, em
Deus da carnificina | *Carnage* (2011)
Direção: Roman Polanski

> "Não a ouviu dizer?
> 'Açúcar granulado. Original.'
> Ela quis dizer bizarro. Eu deveria
> usar cubos como uma garota francesa."

Naomi Watts, uma norte-americana, sobre sua sogra Leslie Caron, em
À francesa | *Le Divorce* (2003)
Direção: James Ivory

"**Lembas! Uma pequena mordida basta para encher o estômago de um homem adulto.**"

Orlando Bloom, sobre o nutritivo pão dos elfos, em
O Senhor dos Anéis: a Sociedade do Anel |
The Lord of the Rings: the Fellowship of the Ring (2001)
Direção: Peter Jackson

"**Vou me divertir e comer bastante churrasco!**"

Vivien Leigh em
...E o vento levou | *Gone with the Wind* (1939)
Direção: Victor Fleming

"**– Se tivessem me dito que
eu ia morar na terra do creme de leite...
Ontem, no restaurante onde jantei havia creme na
sopa, na vitela e na torta de maçã.
– Sem falar na manteiga...**"

Jimmy Palumbo e **Michelle Pfeiffer,**
norte-americanos morando na França, em
A família | *Malavita* (2013)
Direção: Luc Besson

"– Deus só fez a água, mas o homem fez o vinho!
– O queijo, o vinho, o pão...
– E a França juntou os três."

Luís Melo e **Selton Mello** em
Caramuru – A invenção do Brasil (2001)
Direção: Guel Arraes

"– O prato Seder é sagrado porque
estas comidas contam a nossa história.
– Uma espécie de Última Ceia."

Max Greenfield, um judeu sobre suas tradições, e **Cynda Williams,** em
Quando comemos? | *When Do We Eat?* (2005)
Direção: Salvador Litvak

"– Acho que vou começar com terrine de poison.
– O que é isso?
– Um tipo de patê leve feito de peixe.
– Tem ossos nele?"

Andre Gregory e **Wallace Shawn** em
Meu jantar com André | *My Dinner with Andre* (1981)
Direção: Louis Malle

"– Que tipo de prato você poderia gostar?
– Você sabe fazer hambúrguer?"

Naomi Watts, como a princesa Diana,
e **Naveen Andrews,** seu namorado, em
Diana (2013)
Direção: Oliver Hirschbiegel

"Quase não fiz a sopa, mas depois pensei:
'Uma refeição sem sopa é realmente uma refeição?'"

Stéphane Audran em
O discreto charme da burguesia | *Le Charme discret de la bourgeoisie* (1972)
Direção: Luis Buñuel

"– Um rio arruinado. Wonka, está poluído!
– É chocolate."

Roy Kinnear e **Gene Wilder** em
A fantástica fábrica de chocolate | *Willy Wonka & the Chocolate Factory* (1971)
Direção: Mel Stuart

"Tudo tem um tempo certo. Linguado chileno não é
igual a ovos mexidos."

Will Ferrer para Amanda Peet, muito apressada, em
Melinda e Melinda | *Melinda and Melinda* (2004)
Direção: Woody Allen

> "**Senhor Holmes, experimente mais uma costelinha com pimenta-malagueta e pirão. Receita infalível para uma digestão leve.**"
>
> **Marcello Antony** para Joaquim de Almeida, como o célebre detetive inglês Sherlock Holmes, em
> *O Xangô de Baker Street* (2001)
> Direção: Miguel Faria Jr.

> "**– Eu adoro ostras!**
> **– Eu tenho nojo da textura delas...**
> **– É da textura delas que eu gosto.**
> **– Parece meleca...**"
>
> **Léa Seydoux** e **Adèle Exarchopoulos** em
> *Azul é a cor mais quente* | *La Vie d'Adèle* (2013)
> Direção: Abdellatif Kechiche

> "**Dá a impressão que mastigamos um pato em pó que retoma seu formato no estômago.**"
>
> **Issa Doumba,** um cozinheiro ao provar um prato da cozinha molecular, em
> *Como um chef* | *Comme un chef* (2012)
> Direção: Daniel Cohen

"Os melões são como namorados.
Posso lhes dizer por quê? Para conseguir
um só bom temos que experimentar cem."

Harold Perrineau em
Sabor da paixão | *Woman on Top* (2000)
Direção: Fina Torres

"– Garfield, você comeu todas as
quatro caixas de lasanha?
– Não foi culpa minha. Elas me provocaram."

Breckin Meyer e **Bill Murray,** dublando o gato **Garfield,** em
Garfield – O filme | *Garfield* (2004)
Direção: Peter Hewitt

"Sempre preferi o ganso ao peru. Para mim,
peru tem gosto de frango ressecado."

Marie Kean em
Os vivos e os mortos | *The Dead* (1987)
Direção: John Huston

**"Pouca gente sabe, mas para trinchar
o cordeiro é preciso estar de pé."**

Jean-Pierre Cassel em
O discreto charme da burguesia | *Le Charme discret de la bourgeoisie* (1972)
Direção: Luis Buñuel

**"– Frieda, o macarrão não tem molho.
– É da Baviera, não precisa de molho. Italianos é
que precisam de molho. Italianos eram fracos."**

Alan Alda e **Trude Klein,** sua cozinheira alemã, em
Todos dizem eu te amo | *Everyone Says I Love You* (1996)
Direção: Woody Allen

**"Quando tem cuscuz na minha frente,
eu não vejo mais nada."**

Hafsia Herzi em
O segredo do grão | *La Graine e la mulet* (2007)
Direção: Abdellatif Kechiche

"Tentei fazer omelete, mas virou ovo mexido."

Greta Gerwig em
Frances Ha (2012)
Direção: Noah Baumbach

"Ontem comi o pão com tanta vontade que talvez tenha que me confessar por isso."

Fernand Charpin para Robert Vattier, um padre, em
A mulher do padeiro | *La Femme du boulanger* (1938)
Direção: Marcel Pagnol

"Cozinha chinesa especializada em pratos estimulantes: ninho de aves de Formosa, algas do mar Cáspio e barbatanas de tubarão de Gadar."

Ona Munson em
Tensão em Xangai | *The Shangai Gesture* (1941)
Direção: Josef von Sternberg

"Pode comer quantos ovos quiser desde que os cozinhe perfeitamente: ambos os lados fritos, sem quebrar a gema. Se desviar-se da perfeição haverá consequências."

James Le Gros em
Banquete amargo | *Bitter Feast* (2010)
Direção: Joe Maggio

"– Qual sua comida favorita?
– Tortellini.
– Como gostaria de morrer?
– Comendo um monte de tortellini."

Drew Barrymore e **Justin Long** em
Amor a distância | *Going the Distance* (2010)
Direção: Nanette Burstein

"Minha melhor última refeição seria filhote de foca e bunda de baleia."

Dolf Lundgreen, de origem sueca, em
Os mercenários 2 | *The Expendables 2* (2012)
Direção: Simon West

"Não consigo imaginar o mundo sem limão."

Trine Dyrholm, sobre sua fruta preferida,
para Pierce Brosnan, plantador de limão, em
Amor é tudo o que você precisa | *Den Skaldede Frisor* (2012)
Direção: Susanne Bier

"Nosso sanduíche com rosbife e queijo dá fome nos anoréxicos."

Tony Shalhoub em
Sem dor, sem ganho | *Pain & gain* (2013)
Direção: Michael Bay

"– Minha mulher perguntou-lhe se tem alguma comida vegetariana.
– A vaca que produziu esse fígado era vegetariana. Os porcos de que são feitos essas salsichas também eram."

Adil Hussain e **Gérard Depardieu** em
As aventuras de Pi | *Life of Pi* (2012)
Direção: Ang Lee

"Chocolate amargo! O que eu fiz para merecer isso? Você sabe que chocolate amargo diminui muito o nosso tesão."

Suzanne Clément para Melvil Poupaud em
Laurence Anyways (2012)
Direção: Xavier Dolan

"– O que é aquilo?
– Cabeça de bezerro. Enrolada em pano limpo, depois com lona e enterrada na brasa por 18 horas. Os miolos são uma delícia!"

Elizabeth Taylor e **Rock Hudson,** um típico texano, em
Assim caminha a humanidade | Giant (1956)
Direção: George Stevens

"A mortadela é minha! Ela vem comigo ou não entro na América!"

Sofia Loren, uma italiana desembarcando nos Estados Unidos
portando uma enorme mortadela, em
Mortadela | La Mortadella (1971)
Direção: Mario Monicelli

"Qual o problema? A América tem medo de mortadela?"

Sofia Loren, uma italiana portando uma enorme mortadela,
para Beeson Carroll, oficial da alfândega
norte-americana, em
Mortadela | La Mortadella (1971)
Direção: Mario Monicelli

"– Maçãs fazem parar de chorar,
pelo menos nos Estados Unidos.
– (...) Parei de chorar.
A maçã funciona na Itália também."

Robert de Niro, um norte-americano em Roma, e
Monica Bellucci, uma italiana, em
As idades do amor | *Manuale d'amore* (2011)
Direção: Giovanni Veronese

"Rabo de boi com aipo são como
o homem e a mulher, ficam bem juntos."

Nino Manfredi em
Feios, sujos e malvados | *Brutti, sporchi e cattivi* (1976)
Direção: Ettore Scola

"... Mas, falando sério, toma um sorvete mesmo.
Sorvete é gostoso e ajuda a aliviar a dor."

Alessandra Negrini em
Abismo prateado (2011)
Direção: Karim Aïnouz

"– Um dia Edo me contou de um prato que
você fez pra ele que é difícil de fazer.
– Ukha. Precisa de alguém para pegar muitos peixes
de um rio, muitos tipos diferentes.
A coisa mais importante é que o caldo deve ser claro.
Você deve ser capaz de ver através dele."

Edoardo Gabriellini e **Tilda Swinton,** uma russa vivendo na Itália, em
Um sonho de amor | *Io sono l'amore* (2009)
Direção: Luca Guadagnino

"Leva parmesão, mortadela, molho de tomate.
É só juntar tudo e colocar no forno (...)
Meus filhos quando vão lá em casa sempre
querem comer esse 'macarrão ao forno'!"

Maria Calì em
Almoço em agosto | *Pranzo di ferragosto* (2008)
Direção: Gianni Di Gregorio

"Naquele tempo, eu tava fora de si de vontade de
uma coisa. Comer carne de gado, carne de boi!"

Adilson Barros em
A marvada carne (1985)
Direção: André Klotzel

**"Deixe eu lhe dizer, cara. Diferente de você,
e sem contar o cigarro, eu só tenho um vício:
um bom cachorro-quente com pimenta, isso, sim."**

Dan Aykroyd para Tom Hanks em
Dragnet – Desafiando o perigo | *Dragnet* (1987)
Direção: Tom Mankiewicz

**"Hummm! Morangos! Um vidro de
geleia de morangos custa 150 dólares."**

Edward G. Robinson, vivendo num mundo onde
vários alimentos são muito raros, em
No mundo de 2020 | *Soylent Green* (1973)
Direção: Richard Fleischer

**"– Pizza belga. Em casa agora
servem batatas fritas italianas.
– Trocas culturais.
– Imperialismo cultural. Estilo italiano."**

Vittorio Gassman, um italiano, e **Sabine Azéma,** uma francesa,
jantando no interior da Bélgica, em
A vida é um romance | *La Vie est un roman* (1983)
Direção: Alan Resnais

"Já experimentou shawarma?
Tem um restaurante de shawarma
a duas quadras daqui. Não sei o
que é, mas quero provar."

Robert Downey Jr., como o Homem de Ferro, após uma terrível batalha, em
Os vingadores | *The Avengers* (2012)
Direção: Joss Whedon

"Você sabia que existem 452 tipos de queijos oficiais
do governo nesse país? Não é incrível?
São 452 maneiras de classificar o
que basicamente é um processo bacteriano."

Meg Ryan, na França, em
Surpresas do coração | *French Kiss* (1995)
Direção: Lawrence Kasdan

"– Está servida? Acho que é aloo patra.
– Não, obrigada. Não gosto de comer
o que não sei pronunciar."

Bill Nighy e **Maggie Smith,** dois ingleses na Índia, em
O exótico hotel Marigold | *The Exotic Marigold Hotel* (2011)
Direção: John Madden

"– Garçom, o petit gâteau estava mole e grudento.
– Senhor, o petit gâteau tem recheio cremoso."

Sacha Baron Cohen, um estadista arrogante e ignorante, e
Michel Winnogradoff, um garçom, em
O ditador | *The Dictator* (2012)
Direção: Larry Charles

"Café faz bem para você. É a cafeína que
tem dentro. A cafeína coloca o homem no
cavalo e uma mulher no túmulo dele."

Eddie Albert em
E agora brilha o sol | *The Sun Also Rises* (1957)
Direção: Henry King

"– O sorvete mudou meu destino.
Foi por causa de um sorvete que
meu amado Fefé me descobriu.
– Fefé?
– Federico, querida.
– Fellini?
– Ele me descobriu na Piazza Navona, com meus
pais, tomando sorvete. Eu estava derramando tudo,
deixando escorrer pelo queixo, pois estava faminta!"

Lindsay Duncan e **Diane Lane** em
Sob o sol da Toscana | *Under the Tuscan Sun* (2003)
Direção: Audrey Wells

"Estou com fome. Um café me ajudaria a pensar.
Escrevo um pouco e me recompenso com um café.
Café com bolinho. Ok. Preciso definir os temas.
Bolinhos de banana e nozes. São ótimos."

Nicolas Cage, um escritor buscando inspiração, em
Adaptação | *Adaptation* (2002)
Direção: Spike Jonze

"– O que você achou?
– Não tem muito gosto.
– No começo eu também achava.
Agora acho que tem um gosto suave."

Koki Maeda e **Oshiro Maeda,** dois irmãos experimentando
o manju feito pelo avô, em
O que eu mais desejo | *Kisek* (2011)
Direção: Hirokazu Koreeda

"– É como beber areia.
– Deixe-o depositar no fundo. Precisa saber
esperar. Sentir o aroma e esperar. Eis o prazer.
– O que está dizendo? Café é café! Pede-se,
toma-se, paga-se e vai-se embora."

Claudio Bisio e **Diego Abatantuono** em
Mediterrâneo | *Mediterraneo* (1991)
Direção: Gabriele Salvatores

"Eu adoro coberturas! Às vezes eu vou ao restaurante e só peço coberturas."

Paul Rodriguez em
Tortilla Soup (2001)
Direção: María Ripoll

"Não importa quão ruim fiquem as coisas, é impossível não amar a pessoa que faz torradas para você. Depois de morder aquela superfície crocante e aquela massa suave que fica por baixo e saborear a manteiga quente e salgada, você está perdido para sempre."

Oscar Kennedy em
Toast: A história de uma criança com fome | *Toast* (2010)
Direção: S.J. Clarkson

"– Gostou do cachorro-quente? Não é cachorro de verdade. É só o nome que eles dão aqui."

Amy Adams, uma princesa, para James Marsden, um príncipe, vindos do reino de Andalasia para Manhattan, em
Encantada | *Enchanted* (2007)
Direção: Kevin Lima

"– Aqui estão os ossos, Tony!
– Os ossos? O que há com você, Jô?
Eu quebro a sua cara. Hoje o Paisano
vai ter o melhor da casa.
– Sim, Tony. Você é o patrão.
– Ah, va bene. Ô Jô, o Paisano disse
que quer dois spaghetti specialli
com bastante almôndegas."

Jô, o garçom, e Tony, dono de uma cantina italiana, no jantar romântico de
Paisano e Lili, na clássica cena em que os dois cães comem macarrão,
na animação
A dama e o vagabundo | *Lady and the Tramp* (1955)
Direção: Clyde Geronimi e Wilfred Jackson

"O alimento mais comido do mundo!"

Vittorio Gassman, sobre o arroz, em
O jantar | *La Cena* (1998)
Direção: Ettore Scola

"Eu venho aqui todo domingo. Não se pode viver de
tofu macrobiótico de merda toda vida. Na primeira
vez em que escapei, há anos, comi hambúrguer
vegetariano. Da outra vez, salada de frango e depois
um quilo de bacon."

Alan Alda para Jennifer Aniston, integrantes de uma
comunidade rural vegetariana, em
Viajar é preciso | *Wanderlust* (2012)
Direção: David Wain

"Os olhos devem estar claros e as guelras vermelhas, não rosas. Deve estar firme ao toque. O cheiro? Pode cheirar a peixe, mas, se cheirar a peixe, não está fresco. Deve ter cheiro de mar."

Ewan McGregor, um chef de cozinha, descrevendo
um robalo fresco para seu funcionário, em
Sentidos do amor | *Perfect Sense* (2011)
Direção: David Mackenzie

"A melancia pode abrir seu coração! Neste verão, é a melhor maneira de enviar uma mensagem. Não existe método melhor e mais barato. Você consegue expressar aquilo que não pode dizer em voz alta. Já existe até um código. Um melão pequeno significa 'somos apenas bons amigos'. A melancia grande e vermelha indica 'paixão'. E melões normais, apesar de serem pequenos, são reservados às paixões bem ardentes."

Locutora de uma emissora de TV, em Taipé,
que sofre de falta d'água e onde a melancia se tornou
uma opção para matar a sede e outras finalidades, em
O sabor da melancia | *Tian bian yi duo yun* (2005)
Direção: Ming-liang Tsai

"Fritar ligeiramente o alho aumenta sua ação terapêutica. A cor marrom dourada deste prato espanta o baixo astral."

Shelley Conn, lendo o livro de receitas do pai, em
Índia, amor e outras delícias | *Nina's Heavenly Delights* (2006)
Direção: Pratibha Parmar

"Um ovo mole ou duro estraga meu dia."

Fabrice Luchini em
As mulheres do sexto andar | *Les Femmes du 6ème étage* (2010)
Direção: Philippe Le Guay

"Ed, quero que você experimente meu strudel da maneira que minha avó me ensinou. Ela me ensinou a cozinhar da maneira alemã, do jeito que meu avô gosta. E cozinharia para cinquenta, se quisesse, cinco pratos, da maneira como fazem em Berlim."

Melanie Griffith para Michael Douglas, tentando convencê-lo de que ela pode ser cozinheira na Alemanha nazista e se tornar espiã norte-americana, em
Uma luz na escuridão | *Shining Through* (1992)
Direção: David Seltzer

"— Quem será agraciado com esses morangos colhidos pela manhã por uma jovem tão dócil?
— Hoje é aniversário do tio Aron. Esqueci o presente por isso vou lhe dar uma cesta de morangos."

Per Sjöstrand e **Bibi Andersson** em
Morangos silvestres | *Smultronstället* (1957)
Direção: Ingmar Bergman

"Torta para não ter um caso senão ele me mata: torta de baunilha com banana."

Keri Russell, uma garçonete especialista em tortas, em
Garçonete | *Waitress* (2007)
Direção: Adrienne Shelly

"— Desculpe, Herr Drescher, a sopa está pronta agora.
— Deve ser sopa fria de pepino.
— Nós a servimos quente em Dusseldorf.
— Os pombos não estão assados ainda?
— Os pombos nós os servimos frios."

Melanie Griffith, uma cozinheira invertendo o preparo dos pratos,
e **Ronald Nitschke,** seu patrão, em
Uma luz na escuridão | *Shining Through* (1992)
Direção: David Seltzer

"Foi tão real o calor que a invadiu e, temendo que, como na massa, lhe surgissem bolhas pelo corpo, no ventre, no coração e nos seios, baixou os olhos e fugiu."

Arcella Ramirez, narrando os sentimentos fogosos de
Lumi Cavazos, sua tia-avó, em
Como água para chocolate | *Como agua para chocolate* (1992)
Direção: Alfonso Arau

**"– Todos os molhos estão nos livros?
– Sim, mas não são para estar nos livros.
Têm que estar no coração, depois na panela."**

Manish Dayal e Charlotte Le Bon em
A 100 passos de um sonho | *The Hundred-Foot Journey* (2014)
Direção: Lasse Hallström

"Está nervoso? Se estiver, não faz o molho holandês, os ovos vão sentir."

Helen Mirren para Manish Dayal em
A 100 passos de um sonho | *The Hundred-Foot Journey* (2014)
Direção: Lasse Hallström

"Obrigada por devolver a marmita vazia.
Até achei que o caminho para o coração
fosse o estômago mesmo."

Nimrat Kaur, por bilhete, para Irrfan Khan em
The Lunchbox | Dabba (2013)
Direção: Ritesh Batra

"Pedi a mão da Colette no dia
em que comi as almôndegas dela."

Denis Podalydès em
Feito gente grande | Du vent dans mes mollets (2012)
Direção: Carine Tardieu

"Uma mulher apaixonada e feliz deixa
queimar o suflê. Uma mulher apaixonada e infeliz
se esquece de ligar o forno."

Marcel Dalio em
Sabrina (1954)
Direção: Billy Wilder

**"Saibam de uma coisa.
Histéricas malfodidas existem muitas,
mas com estrela Michelin vou ser a primeira!"**

Javier Cámara, um chef de cozinha gay e nervoso, em
À moda da casa | *Fuera de carta* (2008)
Direção: Nacho G. Velilla

**"Admita, você se apaixonou por Dogville.
As árvores, as montanhas, o povo simples.
Se tudo isso não fisgou você, aposto que
a canela, sim! Essa maldita canela
nas tortas de groselha."**

Stellan Skarsgärd para Nicole Kidman em
Dogville (2003)
Direção: Lars von Trier

**"Já pensou que a vida pode
ser mais que um bife?"**

Marty, uma zebra, para Alex, um leão, criados em zoológico, na animação
Madagascar (2005)
Direção: Eric Darnell e Tom McGrath

> "Ela gosta do jeito como ele lida com
> cada endívia, como um objeto precioso
> a ser tratado com cuidado. É sua maneira de mostrar
> amor pelo trabalho."

André Dussolier, sobre Jamel Debbouze, vendedor de uma mercearia, em
O fabuloso destino de Amélie Poulain | *Le Fabuleux destin d'Amélie Poulain* (2001)
Direção: Jean-Pierre Jeunet

> "Quero a mesma coisa que ela pediu."

Estelle Reiner, para a garçonete, após presenciar Meg Ryan simular um
orgasmo no restaurante, em
Harry & Sally – Feitos um para o outro | *When Harry Met Sally* (1989)
Direção: Rob Reiner

> "Coma, menina. Com pão as dores são menores."

Ada Carrasco para Lumi Cavazo, sofrendo de amor, em
Como água para chocolate | *Como agua para chocolate* (1992)
Direção: Alfonso Arau

"Quando pão parece banquete, não tenho direito de fumar."

Jack Albertson, recusando dinheiro para comprar cigarro, em
A fantástica fábrica de chocolate | *Willy Wonka & the Chocolate Factory* (1971)
Direção: Mel Stuart

"A única diversão que eu tenho é dar comida para os peixes, e eles só comem uma vez por dia."

Bette Davis em
Perigosa | *Dangerous* (1935)
Direção: Alfred E. Green

"Ah, meu irmão, começamos a nos entender. Já vejo tua boca descongestionada, os teus olhos já são doces de vinho."

Selton Mello para Leonardo Medeiros em
Lavoura arcaica (2001)
Direção: Luiz Fernando Carvalho

"Larguei a faculdade. Se eu ia tornar o mundo melhor seria com biscoitos."

Maggie Gyllenhaal em
Mais estranho que a ficção | *Stranger Than Fiction* (2006)
Direção: Marc Foster

> "Parecia que, num estranho fenômeno de alquimia, não só o sangue de Tita, mas todo o seu ser se dissolvia no molho de rosas, no corpo dos odores e nos aromas da comida. Deste modo, penetrava no corpo de Pedro, voluptuosa, aromática e completamente sensual."
>
> **Arcella Ramirez**, narrando o preparo de um molho por Lumi Cavazos, sua tia-avó, em
> *Como água para chocolate* | *Como agua para chocolate* (1992)
> Direção: Alfonso Arau

> "Eu gosto de manter minhas convicções sem diluição, assim como meu Bourbon."
>
> **George Brent** em
> *Jezebel* (1938)
> Direção: William Wyler

> "Ao preparar o mole, Tita sentiu na própria carne como o contato com o fogo altera os elementos, como a massa se transforma em tortilla, como um peito que não passou pelo fogo do amor é um peito inerte, uma bola de massas sem utilidade alguma."
>
> **Arcella Ramirez**, narrando as memórias de sua tia-avó, em
> *Como água para chocolate* | *Como agua para chocolate* (1992)
> Direção: Alfonso Arau

> "**Alexandre era melhor antes de Charlotte ter partido. Desde que sua mulher o deixou, seus molhos são chatos. Ninguém diz, mas seus molhos caíram na rotina.**"
>
> **Michaël Youn** sobre o grande chef Jean Reno em
> *Como um chef* | *Comme un chef* (2012)
> Direção: Daniel Cohen

> "**Preciso encontrar o gosto das coisas...**"
>
> **Jean D'Omersson,** como o presidente da França,
> para Catherine Frot, sua cozinheira particular, em
> *Os sabores do palácio* | *Les Saveurs de palais* (2012)
> Direção Christina Vincent

> "**Eu tenho um sonho: se um dia eu ganhar o Globo de Ouro ou o Oscar, usarei a chance para ensinar os americanos a fazer um chá decente.**"
>
> **Steve Coogan,** um ator inglês em Los Angeles, em
> *Sobre café e cigarros* | *Coffee and Cigarettes* (2003)
> Direção: Jim Jarmusch

"Nunca tivemos outro em nossa mesa que não fosse o pão de casa, e era na hora de reparti-lo que concluíamos três vezes ao dia o nosso ritual de austeridade. Sendo que era também à mesa, mais que em qualquer outro lugar, onde fazíamos de olhos baixos o nosso aprendizado de justiça."

Selton Mello em
Lavoura arcaica (2001)
Direção: Luiz Fernando Carvalho

"É um equívoco comum achar que se pode enfiar um peru no forno. O peru tem que ser cuidado, precisa de carinho. É preciso muita atenção com as aves domésticas."

Sean Hayes para Katie Holmes, ansiosa para assar um peru, em
Do jeito que ela é | Pieces of April (2003)
Direção: Peter Hedges

"As relações não seriam tão ruins se pudéssemos comer com a família."

Claudette Mailé em
Como água para chocolate | Como agua para chocolate (1992)
Direção: Alfonso Arau

> "O corpo humano não foi feito para combater gordura saturada assim. A manteiga penetra nos tecidos e então se sedimenta. Torna a aorta mais dura do que bastão de hóquei. Enquanto isso o azeite acaricia as entranhas, não deixando nada para trás, senão seu aroma."

Michelle Pfeiffer, uma norte-americana morando na França, em
A família | *Malavita* (2013)
Direção: Luc Besson

> "Falaria horas a fio sobre culinária. E acabo me perguntando se não seria melhor do que fazer política."

Jean D'Omersson, como o presidente da França, para Catherine Frot,
sua cozinheira particular, em
Os sabores do palácio | *Les Saveurs de palais* (2012)
Direção: Christina Vincent

> "Era boa a luz doméstica da nossa infância: o pão caseiro sobre a mesa, o café com leite, a manteiga..."

Selton Mello em
Lavoura arcaica (2001)
Direção: Luiz Fernando Carvalho

"Lembrarei para sempre cada gosto.
É uma coisa observar você!"

Paz Vega, após degustar o jantar preparado por Adam Sandler, em
Espanglês | *Spanglish* (2004)
Direção: James L. Brooks

"As berinjelas são sensíveis.
Não as pode magoar.
Tem de olhá-las mesmo nos olhos."

Jean Reno em
Como um chef | *Comme un chef* (2012)
Direção: Daniel Cohen

"Agora eu entendo o que é comida
da alma. Durante a escravidão os
negros não tinham muito o que comemorar,
então cozinhar virou a forma como
expressavam o amor um pelo outro. E é isso
que os jantares de domingo representavam.
Eram mais que apenas comer, era o momento
de dividir as alegrias e as tristezas,
algo que está faltando nas famílias de hoje."

Brandon Hammond em
Alimento da alma | *Soul Food* (1997)
Direção: George Tillman Jr.

"Tem algo fervilhando. Forte, preto (...) Ele queima ao descer. Faz o sangue fluir e o deixa espantado e desconcertado, pedindo outro trago."

Richard Short, um escritor, descrevendo o ato
de tomar um bom café, em
Café com amor | *Café* (2011)
Direção: Marc Erlbaum

"Servir é sorrir. O sorriso é a nossa gorjeta aos clientes."

Louis de Funès, proprietário de um renomado restaurante, para
seu time de garçons, em
O grande restaurante | *Le Grand restaurant* (1966)
Direção: Jacques Besnard

"O que temos aqui é o legítimo. A Mystic Pizza! Especiarias do Algarve, Portugal. Meu avô ensinou meu pai a fazer, e meu pai me ensinou. E talvez um dia eu ensine a vocês. É tradição. E não se brinca com tradição."

Conchata Ferrell para Julia Roberts, Lili Taylor e Annabeth Gish,
garçonetes de seu restaurante, em
Três mulheres, três amores | *Mystic Pizza* (1988)
Direção: Donald Petrie

"Senhor Ambruster, aqui não 'corremos' à loja de conveniências para um sanduíche de frango e uma Coca-Cola. Aqui vamos devagar. Cozinhamos nossa pasta, colocamos queijo ralado, tomamos vinho e fazemos amor."

Clive Revill, um italiano, para Jack Lemmon, um norte-americano, em
Avanti – Amantes à italiana | *Avanti* (1972)
Direção: Billy Wilder

"Você não acredita como meu pai era divertido e carinhoso comigo. Voltando depois da aula, antes da hora do rush, ele me preparava braceletes de pão. Eu gostava dos anéis de confeitos e diamantes de açúcar feitos de massa. Ele gostava de me deixar brincar na sua grande cozinha."

Chien-lien Wu sobre Shihung Lu, seu pai e grande cozinheiro, em
Comer beber viver | *Yin shi nan nu* (1994)
Direção: Ang Lee

"Cada palavra em italiano é como uma trufa, um passe de mágica."

Julia Roberts em
Comer, rezar, amar | *Eat Pray Love* (2010)
Direção: Ryan Murphy

"Seduza o condimento delicadamente."

Shelley Conn para Laura Fraser em
Índia, amor e outras delícias | *Nina's Heavenly Delights* (2006)
Direção: Pratibha Parmar

**"Não posso mais fazer pão
porque meu fermento foi embora."**

Raimu, um padeiro abandonado pela mulher, em
A mulher do padeiro | *La Femme du boulanger* (1938)
Direção: Marcel Pagnol

**"Você sabe por que brindamos antes de
beber? Para que todos os cinco sentidos estejam
envolvidos. Nós tocamos os copos, cheiramos
a bebida, vemos a cor dela, provamos dela.
A audição é o único sentido que não participa,
a não ser que o criemos."**

Jacqueline Obradors em
Tortilla Soup (2001)
Direção: María Ripoll

"Senhor, só o que eu peço é que abençoe esse pão, abençoe essa carne e abençoe o meu estômago porque eu vou comer."

Carl Wright em
Alimento da alma | *Soul Food* (1997)
Direção: George Tillman Jr.

"Aquela mesa de comida deu a força de que Minny precisava."

Viola Davis, narrando o dia em que Jessica Chastain cozinhou para sua empregada, Octavia Spencer, em
Histórias cruzadas | *The Help* (2011)
Direção: Tate Taylor

"– Era desejo de todos que você estivesse à mesa na hora de repartir o pão.
– Não me fale desse alimento. Participar só da divisão desse pão pode ser, em certos casos, simplesmente uma crueldade, seu consumo só prestaria para alongar minha fome."

Raul Cortez e **Selton Mello**, o filho angustiado e ausente por muito tempo, em
Lavoura arcaica (2001)
Direção: Luiz Fernando Carvalho

"– Ele tem 1,60 m de altura, cabelos escuros...
– Desculpe, não lembro de nenhum
bolo de carne com fritas, anéis de cebola
e ovo poché ou de filé de peixe
que combine com essa descrição.
– Na última vez pediu costeleta de porco."

Norah Jones, procurando o namorado numa cafeteria, e **Jude Law,**
o proprietário que só reconhece os clientes pelo pedido, em
Um beijo roubado | *My Blueberry Nights* (2007)
Direção: Kar Wai Wong

"Se trouxerem de volta minha Aurelie, terão então
um verdadeiro padeiro. Eu lhes farei um pão como
nunca viram. Um pão que será tão bom que não
servirá de acompanhamento para outra coisa.
Será um pão delicioso, um festim para apreciadores.
Não poderão dizer 'Comi um pedaço de queijo em
cima do pão'. Terão que dizer 'Comi pão em cima do
queijo'. Amassarei cinco quilos de pão todos os dias
para os pobres. Em cada pão haverá uma grande
amizade e um grande obrigado."

Raimu, um padeiro abandonado pela mulher, em
A mulher do padeiro | *La Femme du boulanger* (1938)
Direção: Marcel Pagnol

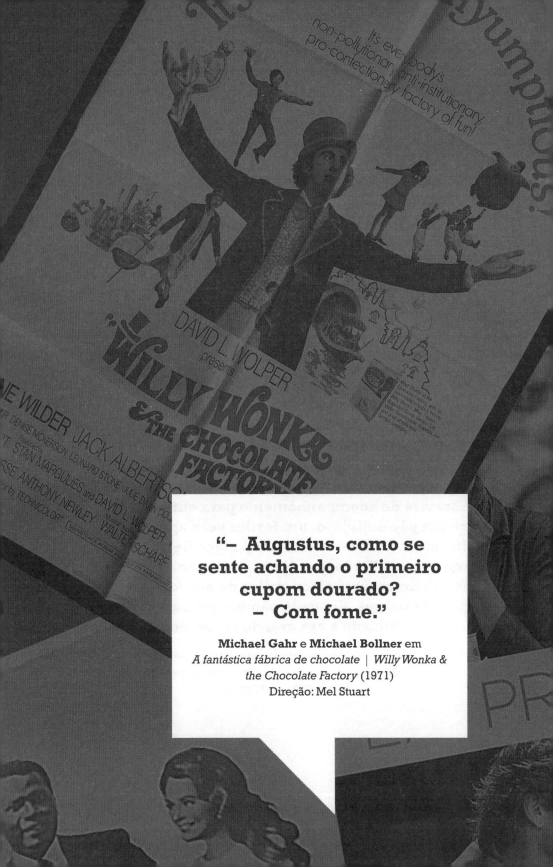

"– Augustus, como se sente achando o primeiro cupom dourado?
– Com fome."

Michael Gahr e **Michael Bollner** em
A fantástica fábrica de chocolate | *Willy Wonka & the Chocolate Factory* (1971)
Direção: Mel Stuart

"– Você acha ela bonita?
– Ela é legal, acho. Não fazia o tipo das minhas costeletas de porco, mas cada um tem seu gosto, certo?"

Norah Jones, perguntando sobre sua rival, e **Jude Law,** dono de uma cafeteria que só reconhece os clientes pelo pedido, em
Um beijo roubado | *My Blueberry Nights* (2007)
Direção: Kar Wai Wong

"... É uma sobremesa que nos levará ao sabor da infância, sem cair na demagogia dos bolos e sorvetes."

Arthur Dupont, que trabalha na cozinha do presidente da França, em
Os sabores do palácio | *Les Saveurs de palais* (2012)
Direção: Christian Vincent

"– Pizza à provençal!
– Todo perfume da charneca...
– E o brilho dos seus olhos!"

Andréa Ferréol e **Phillipe Noiret** em
A comilança | *La Grande bouffe* (1973)
Direção: Marco Ferreri

"– Por que põe rodelas de ovos?
– Porque os ovos, segundo os judeus,
são o símbolo da morte."

Phillipe Noiret e **Ugo Tognazzi,** confeitando um trio de patês, em
A comilança | *La Grande bouffe* (1973)
Direção: Marco Ferreri

"O filé-mignon é o correspondente
à bunda da mulher. O melhor!"

Carlo Briani em
Estômago (2007)
Direção: Marcos Jorge

"– Isso se chama macarrão à putanesca.
– Macarrão à puta vesga?"

Fabíula Nascimento e **João Miguel** em
Estômago (2007)
Direção: Marcos Jorge

"Sabe quem inventou a salada? Os pobres."

Tony Shalhoub em
Sem dor, sem ganho | *Pain & gain* (2013)
Direção: Michael Bay

"– Fondue ou ratatouille?
– Qual é qual?
– (...) Faça de conta que está num
país exótico e esse é um prato típico.
– Parece que estou vomitando ao contrário."

Eva Green e **Michael Pitt,** diante de dois pratos queimados e
irreconhecíveis, em
Os sonhadores | *The Dreamers* (2003)
Direção: Bernardo Bertolucci

"Gosto bem forte, coisa de macho mesmo.
Porque o gorgonzola é queijo de macho.
Tem até uma variação do gorgonzola,
mas feito pelo francês – aquele povo que gosta de
uma putaria –, e chama roquefort, mas é mais
frouxo no gosto que o gorgonzola."

João Miguel em
Estômago (2007)
Direção: Marcos Jorge

"O melhor remédio para tontura é:
canja de galinha com macarrão e chá."

Naomi Stevens para Shirley MacLaine em
Se meu apartamento falasse | *The Apartment* (1960)
Direção: Billy Wilder

"Meu filezinho. Meu filezinho-mignon
com gordurinha em volta... Adoro isso...
Adoro um pouco de gordura no meu bife.
Meu delicioso e suculento bife.
Minha iguaria rara!"

Alex, um leão criado no zoológico, na animação
Madagascar (2005)
Direção: Eric Darnell e Tom McGrath

"Vejam, o Conde Sandwich e Sir Francis Bacon.
Se não fosse por eles, o sanduíche
só teria alface e tomate."

Steve Carell em
Um jantar para idiotas | *Dinner for Schmucks* (2010)
Direção: Jay Roach

"– Trouxe biscoitos.
– Obrigada. Papai e Ruth não podem
e eu evito, mas a lata é muito bonita."

Meryl Streep e **Diane Keaton** em
As filhas de Marvin | *Marvin's Room* (1996)
Direção: Jerry Zaks

"**Você pode viajar pelo mundo com pudim.**"

Adam Sandler, ao descobrir uma promoção insólita, em
Embriagado de amor | *Punch-Drunk Love* (2002)
Direção: Paul Thomas Anderson

"– É bom mesmo, essa porra... Como chama?
– Car-bo-na-ra.
– Olha, esse Cabo Nara merecia
ser no mínimo tenente."

Babu Santana e **João Miguel** em
Estômago (2007)
Direção: Marcos Jorge

"– Por que pediu cereais?
– Por que pediu chá?
– Porque pediu cereais."

Bradley Cooper e **Jennifer Lawrence,** em seu primeiro jantar juntos, em
O lado bom da vida | *Silver Linings Playbook* (2012)
Direção: David O. Russell

"As pessoas aqui comem como eu digo.
A berinjela á assim, sem ketchup!
Diga a ele, por favor."

Rita Cortese, cozinheira e dona de uma cantina, para Héctor Anglada,
o garçom diante do pedido insistente de um cliente, em
Herencia (2001)
Direção: Paula Hernández

"– Que tal a galinha-d'angola?
– Sou vegetariana."

Gina McKee e **Julia Roberts,** visivelmente constrangida, em
Um lugar chamado Notting Hill | *Notting Hill* (1999)
Direção: Roger Michell

"Na pasta à carbonara? Nem pensar!"

Riccardo Garrone, o maître de um restaurante italiano vetando
o ketchup para os clientes japoneses, em
O jantar | *La Cena* (1998)
Direção: Ettore Scola

"**Judeus comem carpa. Quem come carpa? Não servem carpa em restaurante. Já viu carpa num menu?**"

Bryan Greenberg, um jovem judeu, para Uma Thurman, sua namorada, em
Terapia do amor | *Prime* (2005)
Direção: Ben Younger

"**Adoro morango! É a única coisa que presta neste país. Logo vão começar a exportar e para nós só restará água e açúcar.**"

Jorge Perugorría, um cubano rebelde, em
Morango e chocolate | *Fresa & Chocolate* (1993)
Direção: Thomás Gutiérrez Alea e Juan Carlos Tabío

"**O mundo seria mais triste sem seu pombo com trufas.**"

Sergio Castellitto para Martina Gedeck em
Simplesmente Martha | *Bella Martha* (2001)
Direção: Sandra Nettelbeck

"– Por que tem uma raquete de tênis na cozinha?
– Raquete? Ah, fiz um jantar italiano.
Usei para escorrer o espaguete."

Shirley MacLaine e **Jack Lemmon,** que realmente faz uso do instrumento
esportivo para cozinhar, numa cena deliciosa, em
Se meu apartamento falasse | *The apartment* (1960)
Direção: Billy Wilder

"Você é a única mulher que conheço preparada para
dividir a cama com uma sardinha."

Albert Finney para Audrey Hepburn, fazendo uma refeição
num quarto de hotel, em
Um caminho para dois | *Two for the Road* (1967)
Direção: Stanley Donen

"O patê quer verificar suas amídalas."

Marie Bunel para Antoine Cousin, seu filho pequeno, em
Jantar de despedida | *Au petit Marguery* (1995)
Direção: Laurent Bénégui

"Tente usar o garfo e a faca dos outros
como parte do barato de comer fora."

Helen Hunt, uma garçonete, para Jack Nicholson, um escritor neurótico, em
Melhor é impossível | *As Good as It Gets* (1997)
Direção: James L. Brooks

"– Vocês devem estar muito animados. Ouvi dizer que vão para a Inglaterra.
– Verdade! Vou ensinar a eles nossas vitaminas geladas. Você já bebeu algo gelado lá?
– Não, eles não colocam gelo em nada. Refrigerante quente, cerveja quente..."

Fiona Loewi, uma jornalista, e **Justin Henry**,
vocalista de uma banda norte-americana, em
Meu jantar com Jimi | *My Dinner with Jimi* (2003)
Direção: Bill Fishman

"Sopa incrível, dona rainha!"

Shrek, ao tomar a lavanda para lavar os dedos, na animação
Shrek 2 (2004)
Direção: Andrew Adamson,
Kelly Asbury e Conrad Vernon

"– Você tem mais daquele bolo que me fez crescer?
– O Altestrudel? Na verdade, devo ter alguma sobra."

Mia Wasikowska, como Alice, e **McTwisp**, como o Coelho Pajem, em
Alice no País das Maravilhas | *Alice in Wonderland* (2010)
Direção: Tim Burton

"Sabe por que só como raízes?
Porque as raízes são importantes."

Giusi Merli, uma freira de 104 anos, em
A grande beleza | *La Grande bellezza* (2013)
Direção: Paolo Sorrentino

"Não podemos comer nada que
tenha um sabor perceptível."

Christoph Waltz, um hacker vivendo numa realidade virtual, em
Teorema zero | *The Zero Theorem* (2013)
Direção: Terry Gilliam

"– Quer cortar o intestino dela?
– Sim. Tudo o que ela come a faz engordar."

Alejandro Calva e **Elena de Haro,** sobre Elisa Vicedo,
sua filha acima do peso, em
Maus hábitos | *Malos habitos* (2007)
Direção: Simón Bross

"– Você podia viver só de panquecas, se quisesse.
– Qual o seu problema? Não quero
viver só de panquecas. Eu quero viver.
Quem, em sã consciência, entre panquecas
e a vida, escolheria a primeira?
– Se parar para pensar vai perceber que a resposta
está ligada ao tipo de vida que está sendo vivida e,
é claro, à qualidade da panqueca."

Dustin Hoffman e **Will Ferrell** em
Mais estranho que a ficção | *Stranger Than Fiction* (2006)
Direção: Marc Foster

"– Patada de sal.
– Patada?
– Patada. Patada de sal.
– Patada ou pitada?
– Patada. Patada. Não pitada.
O que eu disse? Eu disse pitada?
– Não, você disse... você disse patada.
– Às vezes você não faz o menor sentido, Donnie."

Al Pacino, um mafioso preparando um coq au vin,
e **Johnny Depp,** seu pupilo, em
Donnie Brasco (1997)
Direção: Mike Newell

> "Ma chère mademoiselle, é com muito orgulho e prazer que a recebemos hoje. Vou puxar a cadeira e relaxe enquanto a sala de jantar apresenta... seu jantar."

Lumière, um candelabro, entre outros objetos vivos, prontos para servirem um banquete a Bela, na animação
A Bela e a Fera | *Beauty and the Beast* (1991)
Direção: Gary Trousdale e Kirk Wise

> "Eu preciso de um bolo com um revólver dentro. E 12 biscoitinhos de chocolate com uma bala dentro de cada."

Woody Allen, ao planejar sua fuga da cadeia, em
Um assaltante bem trapalhão | *Take the Money and Run* (1969)
Direção: Woody Allen

> "Isto se chama planta! Vocês vão plantar todo tipo de planta. Plantas de vegetais. Plantas de pizza!"

Comandante da nave intergaláctica, ao voltar à Terra, na animação
Wall·E (2008)
Direção: Andrew Stanton

**"É macio, tem 5 centímetros de altura.
Agora, olha pra essa coisa triste, magra e miserável.
Alguém pode me dizer o que está errado naquela foto?"**

Michael Douglas, indignado, comparando o cheesebúrguer real com o
que está anunciado na foto da lanchonete, em
Um dia de fúria | *Falling Down* (1993)
Direção: Joel Schumacher

**"Janie, hoje eu me demiti. Depois mandei
meu chefe à merda e o chantageei por
quase 60 mil dólares. Passe-me os aspargos (...)
Alguém pode me passar os aspargos?"**

Kevin Spacey, à mesa de jantar visivelmente irritado, em
Beleza americana | *American Beauty* (1999)
Direção: Sam Mendes

**"Família. Quando eu penso em manteiga,
eu penso na família. Por quê? Porque, como o fio
de uma colcha da vovó, a manteiga é a
peça central de um jantar em família."**

Jennifer Garner em
Butter – Deslizando na trapaça | *Butter* (2011)
Direção: Jim Field Smith

"Eu quero cozinhar. Para mim não é trabalho. Quando cozinho me acontecem coisas. Coisas acontecem quando não cozinho."

Olivia Molina em
Dieta mediterrânea | *Dieta mediterránea* (2009)
Direção: Joaquin Oristrell

"Fugi de casa com um músico chamado Johnny. Foi horrível, a gente só brigava. Até que ele se suicidou. Durante anos achei que fosse porque ele odiava minha comida."

Mira Sorvino em
Poderosa Afrodite | Mighty Apphrodite (1995)
Direção: Woody Allen

"Nessa cidade, cuidado com as mulheres. Não aceite nada delas. Nenhuma bebida ou comida. Elas colocam poção de amor nelas. Quer saber com que preparam isso? Sangue de menstruação."

Enzo Vitale para Gian Maria Volonté em
Cristo parou em Eboli | Cristo si è fermato a Eboli (1979)
Direção: Francesco Rosi

"– O que eu posso fazer por você?
– Passa a geleia.
– Não, eu tô falando sério.
– Eu detesto pão seco."

Clarice Falcão e **Gregório Duvivier** em
Eu não faço a menor ideia do que eu tô fazendo com a minha vida (2012)
Direção: Matheus de Souza

"— Seu livro deu certo, não?
— Quem diria que as pessoas gostam tanto de frango!
— E de tantas formas diferentes...
— Veremos como *Tem gosto de frango, a revolta* será.
— Está escrevendo uma sequência?"

Michelle Williams e **Seth Rogen,** escritor de livros de culinária
especializado em frango, em
Entre o amor e a paixão | *Take This Waltz* (2011)
Direção: Sarah Polley

"— Sou frutariana.
— O que é isso, frutariana?
— Acreditamos que frutas e legumes têm sentimentos. Cozinhá-los é crueldade. Só comemos o que cai da árvore, o que já está morto.
— Então, essas cenouras...
— ... foram assassinadas."

Emma Bernard e **Hugh Grant,** jantando juntos, em
Um lugar chamado Notting Hill | *Notting Hill* (1999)
Direção: Roger Michell

"– Você tem que comer.
– Tem pelo menos bife de oião?
– O nome disso é ovo, homi!"

Miriam Freeland e **Edmilson Filho**, cearense do interior, em
Cine Holliúdy (2012)
Direção: Halder Gomes

"– Jean, você não come nenhuma carne animal?
– Não.
– Por quê?
– Quando a pessoa ingere a carne
animal ingere também o medo do animal.
– (...) Ooohh! Eu comi uma grande porção de medo.
E quando ingeri foi tão saboroso!"

Chris Cooper e **Abigail Breslin** em
Álbum de família | *August: Osage County* (2013)
Direção: John Wells

"Vocês vegetarianos comem
que nem passarinhos."

Natalie Ellis para Kerry Fox em
Um anjo em minha mesa | *An Angel at My Table* (1990)
Direção: Jane Campion

"– Digamos que sua namorada ache que comer carne
é assassinato e convence você a virar vegetariano.
Aí, um dia está fazendo um hambúrguer de soja e,
de repente, uma galinha aparece, depena-se,
cobre-se com molho de churrasco e joga-se na grelha.
Isso é Deus mandando uma mensagem, certo?
– Sim, que a galinha quer morrer."

Paul Rudd e **Kristen Schaal** em
Um jantar para idiotas | *Dinner for Schmucks* (2010)
Direção: Jay Roach

"Posso levar esse osso
para o meu cachorro?"

Per Oscarsson, um escritor orgulhoso passando fome, em
A fome | *Sult* (1966)
Direção: Henning Carlsen

"– Estou aqui para agradecer
pela colheita e convidá-los para um festim
que ocorrerá dentro de 15 dias quando anualmente
reúno os nobres no campo.
– Quando nos jogará as sobras da sua mesa como se
fôssemos cachorros."

Vincent Price, um príncipe, e **David Weston,** um camponês, em
A orgia da morte | *The Masque of the Red Death* (1964)
Direção: Roger Corman

"– Eu precisaria de algumas
daquelas costeletas de porco.
– Está tudo na sua mente.
Você comeu ontem, não foi?"

Theresa Harris e **Barbara Stanwyck**, sem comer, em
Serpente de luxo | *Baby Face* (1933)
Direção: Alfred E. Green

"– O último pecado capital é...
– Fome.
– Ter fome não é pecado."

Ximena Ayala e **Elisa Vicedo** em
Maus hábitos | *Malos habitos* (2007)
Direção: Simón Bross

"Estes caras são chamados de Esqueléticos.
Não nos incomodam, mas comem o que
tiver um coração batendo. Eu também,
mas pelo menos isso me deixa em conflito."

Nicholas Hoult, um zumbi sentimental, em
Meu namorado é um zumbi | *Warm Bodies* (2013)
Direção: Jonathan Levine

"Sou um pintor gestual de tortas de creme. Eu saltei de uma árvore para acertar Michael Jordan. Foi a famosa torta voadora (...) Atirei um quiche no sultão de Brunei enquanto ele tomava banho."

Mathieu Amalric, em
Cosmópolis | Cosmopolis (2012)
Direção: David Cronenberg

"Hoje você foi lambuzado pelo mestre Andre Petrescu, o confeiteiro assassino. Esta é minha missão mundial, sabotar poder e riqueza (...) Só uso torta fresquinha."

Mathieu Amalric para Robert Pattinson em
Cosmópolis | Cosmopolis (2012)
Direção: David Cronenberg

"Vamos combinar uma coisa? Você não come meu tênis e eu não te como."

Murilo Benício para seu porco Bil, em
O homem do ano (2003)
Direção: José Henrique Fonseca

> "Na prisão, o jantar era sempre importante. Tínhamos macarrão e depois carne e peixe. Paulie cumpriu um ano e sabia cortar alho maravilhosamente. Ele usava uma lâmina e cortava tão fininho que ficava líquido na panela com pouco óleo."

Ray Liotta, um gângster preso cheio de privilégios, em
Os bons companheiros | *Goodfellas* (1990)
Direção: Martin Scorsese

> "Depois de uma cena dessas a gente chega a ficar com fome..."

José Mojica Marins, como o perverso Zé do Caixão,
faz um lanche após amputar os dedos de um jogador, em
À meia-noite levarei sua alma (1964)
Direção: José Mojica Marins

> "Sabe, eu sei que esse bife não existe. Eu sei que quando colocá-lo na boca, a Matrix vai informar ao meu cérebro que ele é suculento e delicioso. Depois de nove anos sabe o que eu percebi? Ignorância é uma felicidade."

Joe Pantaleano em
Matrix | *The Matrix* (1999)
Direção: Andy Wachowski e Lana Wachowski

"Comece pelos olhos."

Judith Malina, ao servir uma refeição para Christopher Lloyd, em
A família Addams | *The Addams Family* (1991)
Direção: Barry Sonnenfeld

**"A nova fome é uma coisa poderosa.
Se eu não comê-lo todo, se eu poupar o cérebro,
ele vai se tornar um cadáver como eu.
Mas, se comê-lo todo, terei suas memórias,
seus pensamentos, seus sentimentos.
Lamento, não posso evitar. O cérebro é a melhor parte,
a que faz com que eu me sinta humano outra vez."**

Nicholas Hoult, um zumbi, em
Meu namorado é um zumbi | *Warm Bodies* (2013)
Direção: Jonathan Levine

**"Somos a fonte de alimento deles.
Eles não estão se tornando vegetarianos.
Não comem brócolis. Comem cérebros."**

John Malkovich, líder dos sobreviventes após um apocalipse zumbi, em
Meu namorado é um zumbi | *Warm Bodies* (2013)
Direção: Jonathan Levine

"– Você é vegetariana?
– Não. Vegana.
– Gostaria de ser vegano, mas adoro ovos."

Paul Dano e **Katie Holmes** em
Os acompanhantes | *The Extra Man* (2010)
Direção: Shari Springer Berman e Robert Pulcini

"Precisa ver meu 'Pianocktail'.
Cada nota corresponde a um destilado,
um licor ou um aromatizante.
Para obter um sabor nostálgico,
um acorde menor."

Romain Duris, sobre um piano adaptado para produzir bebidas, em
A espuma dos dias | *L'Écume des jours* (2013)
Direção: Michel Gondry

"Há algo que você precisa saber.
Não como nada que tenha cara."

Susan Bruce, uma vegetariana, para Katie Holmes,
tentando assar um peru, em
Do jeito que ela é | *Pieces of April* (2003)
Direção: Peter Hedges

"– Sabe o que é isto? Galinha dos galhos.
É como chamam aqui. Resfriado,
dor de cabeça, ressaca. Cura tudo. Iguana."

Jason Statham para Robert de Niro, no México, em
Os especialistas | *Killer Elite* (2011)
Direção: Gary McKendry

"Hei, coma uma destas flores,
elas estão frescas! Pegue uma madura,
não quero que passe mal."

Groucho Marx para Margaret Dumont, apontando um jarro de flores, em
No hotel da fuzarca | *The Cocoanuts* (1929)
Direção: Robert Florey e Joseph Santley

"Adorei o livro de receitas! É demais!
Tem receitas maravilhosas. Até como fazer tubarão.
Nunca fiz tubarão picante. (...)
E biscoitos chamados Ninhos de Vespas!"

Shirley Knight em
Melhor é impossível | *As Good as It Gets* (1997)
Direção: James L. Brooks

"– É um erro trazer coisas vivas
para dentro de casa. Vamos chamar
a polícia! O esquadrão da lagosta!
– São filhotinhos, por favor!
– Então pegue-os do chão.
Não dê para mim. Olhe, um entrou atrás da
geladeira. Vai subir na sua cama à noite! Tire isso
daqui! Fale com ela. Ela fala 'crustaceano'.
Coloque na panela.
– Não posso pôr algo vivo em água quente.
– Pensou que fôssemos levá-las ao cinema?"

Woody Allen e **Diane Keaton,** tentando cozinhar lagostas vivas, em
Noivo neurótico, noiva nervosa | *Annie Hall* (1977)
Direção: Woody Allen

"Devíamos ter comprado bife,
que não tem pernas nem corre."

Woody Allen e **Diane Keaton,** tentando cozinhar lagostas vivas, em
Noivo neurótico, noiva nervosa | *Annie Hall* (1977)
Direção: Woody Allen

"Na primeira vez me jogaram um peito de frango do
Kenny Rogers. Eu estava perto da lixeira.
Achei que tinha sido por acidente,
que estavam jogando fora.
Na segunda vez, foi direto no queixo,
um taco mexicano macio.
Depois um refrigerante. Um salgadinho. McNuggets.
Sempre fast-food. Fast-food.
Os trouxas preferem jogar fora a terminar de comer.
É fácil, boa, mas não fornece nenhuma nutrição.
Sou um fast-food."

Nicolas Cage, um famoso homem do tempo da televisão, em
O sol de cada manhã | *The Weather Man* (2005)
Direção: Gore Verbinsk

"Quando eu era criança, comida era comida
de verdade. Antes de nossos magos cientistas
envenenarem a água, contaminarem o solo,
dizimarem plantas e a vida animal."

Edward G. Robinson em
No mundo de 2020 | *Soylent Green* (1973)
Direção: Richard Fleischer

"Soylent green é feito de seres humanos! Estão fazendo nossa comida com gente. Daqui a pouco vão nos criar como gado para fazer alimento."

Charlton Heston em
No mundo de 2020 | *Soylent Green* (1973)
Direção: Richard Fleischer

"Carne. Carne. Carne. Os animais são feitos de carne. Nós somos feitos de carne. Tudo faz parte do bufê do universo."

Gina Montana em
Indomável sonhadora | *Beasts of the Southern Wild* (2012)
Direção: Benh Zeitlin

"Como disse um canibal da Nova Guiné, vocês não entendem nada de carne. Para comer uma simples vaca é melhor ser vegetariano."

Alberto Laiseca em
Querida, vou comprar cigarros e já volto |
Querida, voy a comprar a cigarrillos y vuelvo (2011)
Direção: Mariano Cohn e Gastón Duprat

"Se meu garoto diz que consegue comer cinquenta ovos, então ele consegue."

George Kennedy, sobre Paul Newman, em
Rebeldia indomável | *Cool Hand Luke* (1967)
Direção: Stuart Rosenberg

"Era bom comer neve com uma gota de licor!"

Alessandro Haber em
Parente é serpente | *Parenti serpenti* (1992)
Direção: Mario Monicelli

"– Isso é café?
– Não, é melhor que café. São raízes.
– Tem parte de merda de vaca!"

Paul Rudd e **Kerri Kenney** em
Viajar é preciso | *Wanderlust* (2012)
Direção: David Wain

"Um pesquisador do censo uma vez tentou me testar. Eu comi o fígado dele com vagem e um bom Chianti."

Anthony Hopkins, como Dr. Hannibal Lecter, em
O silêncio dos inocentes | *The Silence of the Lambs* (1991)
Direção: Jonathan Demme

"**Estou pensando seriamente em...
comer sua mulher.**"

Anthony Hopkins, um audacioso assassino antropófago, em
Hannibal (2001)
Direção: Ridley Scott

"**– Compro limonada de vocês se comprarem
uma caixa dos meus biscoitos de escoteira.
– Foram feitos com escoteiras mesmo?**"

Christina Ricci, certificando-se da composição do produto, em
A família Addams | *The Addams Family* (1991)
Direção: Barry Sonnenfeld

"**– O que está comendo?
– É papel, senhorita.
Não é muito apetitoso, mas engana a fome.
O sabor do papel não é desagradável.
Meus amigos e eu comíamos quando
éramos pequenos e nos cansávamos da aula.**"

Ofelia Montesco e **Claudio Brook,** enfrentando a falta de comida, em
O anjo exterminador | *El ángel exterminador* (1962)
Direção: Luis Buñuel

"– O que é 'musclum'?
– Salada.
– O que é isso? Sinônimo? E 'desconstrução de verdes'?
– Salada."

Peto Menahem e **Ximena Diaz** em
Juntos para sempre | *Juntos para siempre* (2010)
Direção: Pablo Solarz

"– Ele nunca come na cozinha?
– Ele come aveia ou pão lá, de tempos em tempos.
Mas eu acho que ele prepara a maior parte da
comida no andar de cima, no quarto dele."

Reine Brynolfsson e **Tomas Norström,** sobre o voluntário para estudos
domésticos sobre homens solteiros, em
Histórias de cozinha | *Salmer fra Kjokkenet* (2003)
Direção: Bent Hamer

"Dois chefs em uma cozinha é como
duas pessoas dirigindo um carro."

Martina Gedeck em
Simplesmente Martha | *Bella Martha* (2001)
Direção: Sandra Nettelbeck

**"O chef de Napoleão, Casaro, matou-se
de desespero por não conseguir acertar o
ponto do mascarpone na França.
Ou terá sido o chef de Luis XIV?"**

Martina Gedeck, uma chef de cozinha, na sessão de terapia, em
Simplesmente Martha | *Bella Martha* (2001)
Direção: Sandra Nettelbeck

**"Não está contente por ter acabado?
Uma sopa comida é um dia a menos aqui."**

Totò, cumprindo pena na prisão, em
Onde está a liberdade? | *Dove'è la libertà?* (1954)
Direção: Roberto Rossellini

**"– Você já provou carne de urso?
– Não.
– Nem eu, mas ouvi dizer que tem gosto de bife.
– Não. Grant provou muitas vezes. Ele diz que é algo
entre alce e faisão."**

Tomas Norström e **Joachim Calmeyer** em
Histórias de cozinha | *Salmer fra Kjokkenet* (2003)
Direção: Bent Hamer

"Algumas conchinhas de chocolate são
tão puras e inocentes que penso que provar
só um pouquinho não fará mal. Mas são recheadas
com um creme pecaminoso..."

Leslie Caron, uma viúva puritana, para Hugh O'Conor, um padre, em
Chocolate | *Chocolat* (2000)
Direção: Lasse Hallström

"Meu avô dizia que na palavra 'sonho' estava contida
a palavra 'arroto'. No início não tomei conhecimento
do que havia por trás delas.
Anos depois percebi que ele se referia à comida
e às histórias. Ambas requeriam um ritual
essencial para se tornarem saborosas."

Georges Corroface em
O tempero da vida | *Politik Kouzina* (2003)
Direção: Tassos Bolmetis

"Às vezes devemos usar os temperos
errados para provar um ponto de vista.
Adicionar algo diferente."

Tassos Bandis em
O tempero da vida | *Politik Kouzina* (2003)
Direção: Tassos Bolmetis

**"A canela faz as pessoas olharem
umas nos olhos das outras."**

Tassos Bandis em
O tempero da vida | *Politik Kouzina* (2003)
Direção: Tassos Bolmetis

**"A vida continua. A comida
fica mais apimentada. Mais salgada.
Mais doce. Mais azeda."**

Katy Engels, narrando uma solução para saborear os
alimentos num mundo onde as pessoas estão perdendo todos os sentidos, em
Sentidos do amor | *Perfect Sense* (2011)
Direção: David Mackenzie

**"Mexilhões sempre me lembram banho turco. Toda vez
que tio Aimilios chegava de viagem nós estávamos lá.
Eu ouvia os mais velhos abrirem suas almas como
fazem os mexilhões quando cozidos no vapor."**

Georges Corroface em
O tempero da vida | *Politik Kouzina* (2003)
Direção: Tassos Bolmetis

"Os antepastos são semelhantes a histórias que narram viagens a lugares distantes. Sabores e aromas que seduzem seus sentidos e preparam você para uma viagem de aventura."

Georges Corroface em
O tempero da vida | *Politik Kouzina* (2003)
Direção: Tassos Bolmetis

"As pessoas gostam de ouvir histórias sobre coisas que elas não podem ver. Com a comida é a mesma coisa. Que importa se não vê o sal se a comida está saborosa? É claro que não vê, mas a essência está no sal."

Tassos Bandis para Georges Corroface em
O tempero da vida | *Politik Kouzina* (2003)
Direção: Tassos Bolmetis

"No momento nossos clientes não podem sentir cheiros, então será como cozinhar para pessoas resfriadas."

Denis Lawson, dono de um restaurante, em plena epidemia em que as pessoas sofrem de falta de olfato, em
Sentidos do amor | *Perfect Sense* (2011)
Direção: David Mackenzie

"Os molhos suavizam o sabor de qualquer receita. Quando as pessoas não põem molho na comida elas exageram no tom da conversa."

Georges Corroface em
O tempero da vida | *Politik Kouzina* (2003)
Direção: Tassos Bolmetis

"Os pratos principais da cozinha turca levam você de volta à infância. Fazem você mergulhar na hora da generosa oferta da cozinheira e você desfruta dessa 'viagem'."

Georges Corroface em
O tempero da vida | *Politik Kouzina* (2003)
Direção: Tassos Bolmetis

"Na nossa cozinha as sobremesas são o epílogo de todo conto de fada. No fim, todas as temidas e evitadas emoções do herói são percebidas. As sobremesas suavizam o som interrompendo a refeição comemorativa."

Georges Corroface em
O tempero da vida | *Politik Kouzina* (2003)
Direção: Tassos Bolmetis

"Meu caro Príncipe, este banquete será meu último, mas será magnífico. O caldo será feito com alho e alho-poró. Lembre-se de escaldar os legumes antes de dourar, senão vão murchar enquanto esperam pelo Rei. As lagostas serão fritas. Devem ser cortadas ao meio ainda vivas. A faca deve ser grande e afiada."

Gérard Depardieu em
Vatel – Um banquete para o rei | *Vatel* (2000)
Direção: Roland Joffé

"Lembre-se de que há um lugar em Vaucluse onde se plantam cerejas no meio dos vinhedos. O sabor das cerejas transparece no vinho."

Gérard Depardieu para Uma Thurman em
Vatel – Um banquete para o rei | *Vatel* (2000)
Direção: Roland Joffé

"Se você é aquilo que come, então só quero comer coisas boas."

Rémy, um ratinho cozinheiro, na animação
Ratatouille (2007)
Direção: Brad Bird e Jan Pinkava

"Comida é combustível. Se não for
exigente quanto ao que colocar
no tanque, seu motor vai morrer."

Pai de Rémy, um rato malandro, na animação
Ratatouille (2007)
Direção: Brad Bird e Jan Pinkava

"Tire uma estrela do Chez Auguste!
Jantei lá ontem e gerou mais gases do
que o Oriente Médio produz em um mês."

Robert Morley, editor de uma revista de culinária, em
Quem está matando os grandes chefs da Europa? |
Who Is Killing the Great Chefs of Europe? (1978)
Direção: Ted Kotcheff

"– Calma, Louis, é champignon
imperial, o melhor do país!
– Imperial? De que império?
Vocês perderam tudo!"

Joss Ackland, inglês, e **Jean-Pierre Cassel,** francês, em
Quem está matando os grandes chefs da Europa? |
Who Is Killing the Great Chefs of Europe? (1978)
Direção: Ted Kotcheff

"O que são as sobremesas? São coisas do Diabo!"

> **Robert Morley,** editor de uma revista de culinária e
> glutão inveterado, em
> *Quem está matando os grandes chefs da Europa?* |
> *Who Is Killing the Great Chefs of Europe?* (1978)
> Direção: Ted Kotcheff

"– Você, Robert, aceita esta mulher como sua
legítima esposa e promete que suas omeletes serão
feitas apenas com ingredientes frescos,
manteiga legítima, e não margarina,
até que a morte os separe?
– Aceito."

> **Ronald Leigh-Hunt,** o padre, e **George Segal,**
> dono de uma cadeia de fast-food, em
> *Quem está matando os grandes chefs da Europa?* |
> *Who Is Killing the Great Chefs of Europe?* (1978)
> Direção: Ted Kotcheff

"– E você, Natasha, promete manter as omeletes
simples, não cobrar caro nem transformá-las
em quiche Lorraine, até que a morte os separe?
– Aceito."

> **Ronald Leigh-Hunt,** o padre, e **Jaqueline Bisset,**
> renomada chef de cozinha, em
> *Quem está matando os grandes chefs da Europa?* |
> *Who Is Killing the Great Chefs of Europe?* (1978)
> Direção: Ted Kotcheff

"– Temos tiramisù aqui, papai.
– Aquilo é queijo com borra de café.
Horrível! Isto é mascarpone!"

Ricardo Darín e **Héctor Alterio** em
O filho da noiva | *El hijo de la novia* (2001)
Direção: Juan José Campanella

"– O que temos para comer?
Não me diga que são pardaizinhos
em mantinha de alface."

Woody Allen para Tracey Ullman, um casal de novos-ricos, em
Trapaceiros | *Small Time Crooks* (2000)
Direção: Woody Allen

"– Vamos a um lugar que você adora,
onde sempre se sente mimado e revigorado.
– Já sei. No Rei do Pão de Queijo. Não?
Lanchonete? Não? Restaurante mexicano? Não?
Eu desisto. Numa cantina italiana, talvez?"

Breckin Meyer e **Bill Murray,** dublando o gato **Garfield,**
que está indo ao pet shop, em
Garfield – O filme | *Garfield* (2004)
Direção: Peter Hewitt

"– Quer um caracol?
– Está louca?
Acha que vou comer isso?
– Eles são cozidos.
– Um caracol quando anda deixa
aquela coisa nojenta.
– Na França, não."

Tracey Ullman e **Woody Allen,** um casal de novos-ricos, em
Trapaceiros | *Small Time Crooks* (2000)
Direção: Woody Allen

"– Eu não quero trufas! Elas não têm sabor!
– São suaves. Só os porcos as encontram!"

Woody Allen e **Tracey Ullman** em
Trapaceiros | *Small Time Crooks* (2000)
Direção: Woody Allen

> "A ceia foi fantástica! Toda essa *salsa*, e a gordura!
> Foi genial! Estou farto de comer
> comida continental todas as noites.
> A Frenchy come patas de rã!"

Woody Allen em
Trapaceiros | *Small Time Crooks* (2000)
Direção: Woody Allen

> "Um dia farei o chocolate dos astecas
> com cúrcuma, gengibre, canela..."

Isabelle Huppert, que tem o hábito de envenenar
o chocolate que prepara, em
A teia de chocolate | *Merci pour le chocolat* (2000)
Direção: Claude Chabrol

> "Sofia aprendeu que os meninos são
> mais simpáticos de barriga cheia.

Dolo Beltran, narrando a história da mãe que se tornou
uma grande chef de cozinha, em
Dieta mediterrânea | *Dieta mediterránea* (2009)
Direção: Joaquin Oristrell

> "Qualquer um pode cozinhar, mas só os destemidos serão notáveis."
>
> **Gusteau,** um grande chef de cozinha e dono do restaurante, na animação *Ratatouille* (2007)
> Direção: Brad Bird e Jan Pinkava

"Os pecados da cozinha são a luxúria,
a superficialidade e a inutilidade.
A simplicidade é o mais difícil de conseguir."

Andre Bonnaure, um renomado chef francês, em
Dieta mediterrânea | Dieta mediterránea (2009)
Direção: Joaquin Oristrell

"Os pratos de Sofia surpreenderam os
convidados. Um empresário chorou comendo
um prato de flores e verduras. Duas jornalistas
tiveram um acesso de riso com um lombo de atum cru.
O aroma de um cordeiro com frutas de outono
provocou uma ereção num dirigente socialista."

Dolo Beltran, narrando a história da mãe, que se tornou
uma grande chef de cozinha, em
Dieta mediterrânea | Dieta mediterránea (2009)
Direção: Joaquin Oristrell

"Quando ela prepara o ragu
é melhor ficar longe."

Luca Greco sobre sua mãe, Sofia Loren, em
Sábado, domingo e segunda | Sabato, domenica e lunedí (1990)
Direção: Lina Wertmuller

"– Macarrão à siciliana... E os elogios que ele fez!
– A quem?
– A Maria Carolina!
Disse que nunca havia comido
um macarrão tão bom. Chegou a dizer
que ela devia vir aqui prepará-lo.
Nunca ninguém me fez uma afronta dessas!"

Sofia Loren, ofendida com o marido, e **Alessandra Mussolini,** sua filha, em
Sábado, domingo e segunda | *Sabato, domenica e lunedí* (1990)
Direção: Lina Wertmuller

"O porco morreu à toa. Isso não é presunto!"

Jean Reno, um empresário sofisticado,
rejeitando um sanduíche de presunto, em
Fuso horário do amor | *Décalage horaire* (2002)
Direção: Danièle Thompson

"– Eu, por exemplo, não gosto de carne
de vaca, mas adoro vitela. Apesar de ser filho da
vaca com o boi, ninguém fala da vitela.
Sabe alguma coisa da vitela, já que...?
– Não, mas o boi não é pai da vitela, porque,
por definição, o boi... o boi é... (castrado)."

Juliette Binoche, uma esteticista simples, e **Jean Reno,**
um empresário sofisticado, em
Fuso horário do amor | *Décalage horaire* (2002)
Direção: Danièle Thompson

> "– O que faz no Natal com sua família?
> – Meu pai e meus tios brigam para comer os miolos do carneiro e minha tia Voula espeta o garfo no olho e corre atrás de mim para que eu o coma e fique inteligente."

John Corbett e **Nia Vardalos**, sobre a tradição grega, em
Casamento grego | *My Big Fat Greek Wedding* (2002)
Direção: Joel Zwick

> "Sem manteiga, sem creme, sem trigo, sem leite, sem gordura! Merda! Por que eles se incomodam em comer?"

Gérard Depardieu, um chef francês, indignado com os pedidos dos clientes, em
As férias da minha vida | *Last Holiday* (2006)
Direção: Wayne Wang

> "O segredo da vida é a manteiga."

Gérard Depardieu, um chef francês, em
As férias da minha vida | *Last Holiday* (2006)
Direção: Wayne Wang

"Nesta mistura bem forte a maçã sorve o sono da morte. Se na casca eu me concentro vejo o que está lá por dentro. Agora bem vermelha vais ficar para Branca de Neve te provar."

Rainha Má, preparando a maçã envenenada, na animação
Branca de Neve e os sete anões | *Snow White and the Seven Dwarfs* (1937)
Direção: William Cotrell, David Hand, Wilfred Jackson,
Larry Morey, Perce Pearce e Ben Sharpsteen

"Com seus decotes e seus mojitos vamos ganhar uma fortuna."

María Isabel Díaz para Penélope Cruz em
Volver (2006)
Direção: Pedro Almodóvar

"Eu estava incrivelmente alegre e disposto, como um saco de pão quentinho."

Marco Nanini, durante seu aniversário de 90 anos, em
Copacabana (2001)
Direção: Carla Camurati

"– Quero o número três.
– Para mim, salada do chef, azeite e
vinagre separados e torta de maçã
à la mode. Mas quero a torta quente e o
sorvete do lado. E gostaria de sorvete de morango
em vez de baunilha, se possível.
Senão, não quero sorvete, só chantili e só
se for do bom. Se for de lata, prefiro nada."

Billy Crystal e **Meg Ryan,** fazendo seus pedidos no restaurante, em
Harry & Sally – Feitos um para o outro | *When Harry Met Sally* (1989)
Direção: Rob Reiner

"– 'Restaurantes são para as pessoas
dos anos 80 o que o teatro era nos anos 60'.
Li isso numa revista.
– Eu escrevi isso. (...) Escrevi também:
'Pesto é o quiche dos anos 80.'"

Carrie Fischer e **Bruno Kisby** em
Harry & Sally – Feitos um para o outro | *When Harry Met Sally* (1989)
Direção: Rob Reiner

"Creme de milho. Escolha interessante.
Sabia que o principal ingrediente do
creme de milho é a celulite?"

Stanley Tucci para Anne Hathaway, no restaurante, em
O Diabo veste Prada | *The Devil Wears Prada* (2006)
Direção: David Frankel

"— Acho que vou querer ovos. Proteína, certo?
— Como vai querer?
— Você pode amarrá-los e pregá-los no chão.
Ou, quem sabe, quebrá-los na minha cabeça
e deixar escorrer pela minha cara."

Natalie Portman, desesperada ao perder uma fortuna no jogo,
e **Norah Jones**, uma garçonete, em
Um beijo roubado | *My Blueberry Nights* (2007)
Direção: Kar Wai Wong

"— Emily, você está tão magra!
— Estou? É para Paris. Estou fazendo uma nova dieta.
Funciona mesmo. Não como, e aí quando vou
desmaiar como um pedaço de queijo.
Mais uma diarreia e chego ao peso ideal."

Anne Hathaway e **Emily Blunt**, funcionárias de uma revista de moda, em
O Diabo veste Prada | *The Devil Wears Prada* (2006)
Direção: David Frankel

"Eu tô na dúvida se resisto a mais
um docinho ou marco outra lipo."

Helena Fernandes em
Se eu fosse você (2006)
Direção: Daniel Filho

Mariza Gualano ★ 213

"Moqueca de siri mole era o prato preferido de Vadinho (...) Seus dentes mordiam o siri mole, seus lábios ficavam vermelhos de dendê. Nunca mais seus lábios, sua língua, nunca mais sua ardida boca de cebola crua."

Sonia Braga, exímia cozinheira, sobre José Wilker, seu marido morto, em
Dona Flor e seus dois maridos (1976)
Direção: Bruno Barreto

"Uma xícara de chá restauraria minha normalidade."

Martin Freeman, um inglês viajando pelo espaço, em
O guia do mochileiro das galáxias |
The Hitchhiker's Guide to the Galaxy (2005)
Direção: Garth Jennings

"Alguns chefs chamam 'Passeio do Amor' um prato romântico para aquela ocasião especial."

Catherine Zeta-Jones em
Sem reservas | *No Reservations* (2007)
Direção: Scott Hicks

"– Kate, os Petersons estão aí e querem elogiar seu talento.
– Obrigada, mas o lugar de um chef talentoso é na cozinha."

Patricia Clarkson, proprietária de um restaurante,
e **Catherine Zeta-Jones,** uma chef renomada e sisuda, em
Sem reservas | *No Reservations* (2007)
Direção: Scott Hicks

"Os clientes não têm paladar, têm um buraco no estômago."

Birol Ünel em
Soul Kitchen (2009)
Direção: Fatih Akin

"Pode peneirar a farinha, querido, se fica feliz com isso. Tome. Não é lindo? Não parece neve?"

Julianne Moore para Jack Rovello, seu filho, ao prepararem um bolo, em
As horas | *The Hours* (2002)
Direção: Stephen Daldry

"– Estamos fazendo o bolo
para mostrar que gostamos dele.
– Senão, ele não vai saber que o amamos?"

Julianne Moore e Jack Rovello, seu filho,
ao prepararem um bolo de aniversário para o pai dele, em
As horas | *The Hours* (2002)
Direção: Stephen Daldry

"Um bolo para o príncipe. Meu livro!
Pão de ló de maçã, bolo gelado ao rum,
delícia de nozes, folheado de baunilha...
Não! Pavê de damasco, suflê de ameixa,
bolo de morango, charlote de abacaxi.
Não... Ah, o bolo do amor!"

Catherine Deneuve em
Pele de asno | *Peau d'ane* (1970)
Direção: Jacques Demy

"– Não consigo dormir! Não consigo comer!
– Não consegue comer? Entre.
Vou preparar carne de porco."

Zac Efron e John Travolta, interpretando a simpática glutona Edna, em
Hairspray – Em busca da fama | *Hairspray* (2007)
Direção: Adam Shankman

"– Como será que lembra de mim? Como a garota que gosta de torta de blueberry?
Ou como a garota de coração partido?"

Norah Jones, por cartão-postal, para Jude Law, em
Um beijo roubado | *My Blueberry Nights* (2007)
Direção: Kar Wai Wong

"– O sorvete de lavanda foi a melhor sobremesa que comi na minha vida.
– Faço quando não consigo dormir e foi bom comê-lo com alguém."

Steve Martin e **Meryl Streep** em
Simplesmente complicado | *It's Complicated* (2009)
Direção: Nancy Meyers

"– Isso é uma cicatriz de cozinha. Uma leva grande de caramelo quente.
– E esta aqui?
– Essa foi de açúcar fervendo. Não tinha muita habilidade no começo. Essa foi uma panela grande... francesa... bem quente!"

Meryl Streep, cozinheira e proprietária de uma confeitaria,
e **Steve Martin,** seu pretendente, descobrindo marcas em seus braços, em
Simplesmente complicado | *It's Complicated* (2009)
Direção: Nancy Meyers

**"O chocolate é uma partilha.
Com o chocolate não se deve ter medo."**

Isabelle Carré, uma chocolateira tímida, em
Românticos anônimos | *Les Émotifs anonymes* (2010)
Direção: Jean-Pierre Améris

**"Um chocolate que se oferece você
põe na boca e o palato se ilumina."**

Benoît Poelvoorde, dono de uma fábrica de chocolate, em
Românticos anônimos | *Les Émotifs anonymes* (2010)
Direção: Jean-Pierre Améris

**"– Eu estava tendo um
sonho maravilhoso.
– Sobre o quê?
– Comida."**

Dennis Morgan e **Frank Jenks** em
Indiscrição | *Christmas in Connecticut* (1945)
Direção: Peter Godfrey

"Comida importa mais do que tempo."

Adrien Brody, vendendo seu valioso relógio, em
O pianista | *The Pianist* (2002)
Direção: Roman Polanski

"Estou de dieta. Engordei 18 gramas. Quero algo leve.
Meio ovo ou um peixe pequeno."

Mara Lane em
Monpti, um amor de Paris | *Monpti* (1957)
Direção: Helmut Käutner

"Só penso em comida o dia todo
e sonho com comida à noite."

Meryl Streep em
Julie & Julia (2009)
Direção: Nora Ephron

"Mesmo tendo que roubar, mentir ou matar,
eu juro por Deus: jamais sentirei fome outra vez!"

Vivien Leigh em
...E o vento levou | *Gone with the Wind* (1939)
Direção: Victor Fleming

"Tillie, a que horas vamos jantar?"

Spencer Tracy dispara a última frase do filme, após um impactante discurso
para sua família e a do noivo negro de sua filha branca, em
Adivinhe quem vem para jantar | *Guess Who's Coming to Dinner* (1967)
Direção: Stanley Kramer

"A vida é um banquete."

Rosalind Russell em
A mulher do século | *Auntie Mame* (1958)
Direção: Morton DaCosta

"– O que você realmente gosta de fazer?
– Comer."

Stanley Tucci e **Meryl Streep** em
Julie & Julia (2009)
Direção: Nora Ephron

Índice de filmes

Seja um crítico você também: faça sua avaliação preenchendo as estrelinhas.

☆ ☆ ☆ ☆ ☆ *007 contra Goldfinger,* 87
☆ ☆ ☆ ☆ ☆ *18 comidas,* 11
☆ ☆ ☆ ☆ ☆ *A 100 passos de um sonho,* 14, 15, 19, 47, 149
☆ ☆ ☆ ☆ ☆ *A asa ou a coxa,* 23, 109
☆ ☆ ☆ ☆ ☆ *A Bela e a Fera,* 176
☆ ☆ ☆ ☆ ☆ *A ceia dos acusados,* 95
☆ ☆ ☆ ☆ ☆ *A comilança,* 33, 108, 165, 166
☆ ☆ ☆ ☆ ☆ *A dama e o vagabundo,* 145
☆ ☆ ☆ ☆ ☆ *A espuma dos dias,* 16, 187
☆ ☆ ☆ ☆ ☆ *A família,* 50, 128, 157
☆ ☆ ☆ ☆ ☆ *A família Addams,* 186, 193
☆ ☆ ☆ ☆ ☆ *A fantástica fábrica de chocolate (1971),* 105, 123, 130, 153
☆ ☆ ☆ ☆ ☆ *A fantástica fábrica de chocolate (2005),* 61, 62, 63, 116
☆ ☆ ☆ ☆ ☆ *A festa de Babette,* 19, 84, 117
☆ ☆ ☆ ☆ ☆ *A fome,* 182
☆ ☆ ☆ ☆ ☆ *À francesa,* 127
☆ ☆ ☆ ☆ ☆ *A garota,* 72
☆ ☆ ☆ ☆ ☆ *A grande beleza,* 174
☆ ☆ ☆ ☆ ☆ *A grande noite,* 9, 118, 120
☆ ☆ ☆ ☆ ☆ *A Marselhesa,* 70
☆ ☆ ☆ ☆ ☆ *A marvada carne,* 139
☆ ☆ ☆ ☆ ☆ *A menina que roubava livros,* 20
☆ ☆ ☆ ☆ ☆ *À meia-noite levarei sua alma,* 185
☆ ☆ ☆ ☆ ☆ *À moda da casa,* 13, 30, 102, 151
☆ ☆ ☆ ☆ ☆ *A mulher do padeiro,* 134, 161, 163
☆ ☆ ☆ ☆ ☆ *A mulher do século,* 219
☆ ☆ ☆ ☆ ☆ *A noiva de Frankenstein,* 83
☆ ☆ ☆ ☆ ☆ *A noviça rebelde,* 25, 69
☆ ☆ ☆ ☆ ☆ *A orgia da morte,* 182
☆ ☆ ☆ ☆ ☆ *À procura do amor,* 52
☆ ☆ ☆ ☆ ☆ *A rebelde,* 26
☆ ☆ ☆ ☆ ☆ *A sombra do vampiro,* 99
☆ ☆ ☆ ☆ ☆ *A vida é um romance,* 140
☆ ☆ ☆ ☆ ☆ *Abismo prateado,* 138
☆ ☆ ☆ ☆ ☆ *Acordes do coração,* 93
☆ ☆ ☆ ☆ ☆ *Adaptação,* 143
☆ ☆ ☆ ☆ ☆ *Adeus, Lênin!,* 83, 121
☆ ☆ ☆ ☆ ☆ *Adivinhe quem vem para jantar,* 219
☆ ☆ ☆ ☆ ☆ *Agora ou nunca,* 34
☆ ☆ ☆ ☆ ☆ *Albert Nobbs,* 57
☆ ☆ ☆ ☆ ☆ *Álbum de família,* 181
☆ ☆ ☆ ☆ ☆ *Alice no País das Maravilhas,* 173
☆ ☆ ☆ ☆ ☆ *Alimento da alma,* 20, 32, 158, 162
☆ ☆ ☆ ☆ ☆ *Almoço em agosto,* 139
☆ ☆ ☆ ☆ ☆ *Amarcord,* 100
☆ ☆ ☆ ☆ ☆ *Amor a distância,* 135
☆ ☆ ☆ ☆ ☆ *Amor é tudo o que você precisa,* 135
☆ ☆ ☆ ☆ ☆ *American Pie – A primeira vez é inesquecível,* 61
☆ ☆ ☆ ☆ ☆ *Amores imaginários,* 117
☆ ☆ ☆ ☆ ☆ *Anna Christie,* 82
☆ ☆ ☆ ☆ ☆ *Antique Bakery,* 24
☆ ☆ ☆ ☆ ☆ *As aventuras de Pi,* 136
☆ ☆ ☆ ☆ ☆ *As aventuras do Barão de Munchausen,* 77
☆ ☆ ☆ ☆ ☆ *As bruxas de Eastwick,* 70
☆ ☆ ☆ ☆ ☆ *As consequências do amor,* 112
☆ ☆ ☆ ☆ ☆ *As férias da minha vida,* 209
☆ ☆ ☆ ☆ ☆ *As filhas de Marvin,* 168
☆ ☆ ☆ ☆ ☆ *As horas,* 214, 215
☆ ☆ ☆ ☆ ☆ *As idades do amor,* 138
☆ ☆ ☆ ☆ ☆ *As mulheres,* 26, 53
☆ ☆ ☆ ☆ ☆ *As mulheres do sexto andar,* 147

☆ ☆ ☆ ☆ *As tartarugas ninja* (1990), 119
☆ ☆ ☆ ☆ *As tartarugas ninja* (2014), 119
☆ ☆ ☆ ☆ *Asterix & Obelix: Missão Cleópatra*, 95
☆ ☆ ☆ ☆ *Assim caminha a humanidade*, 137
☆ ☆ ☆ ☆ *Avanti – Amantes à italiana*, 160
☆ ☆ ☆ ☆ *Azul é a cor mais quente*, 85, 131
☆ ☆ ☆ ☆ *Bagdad Café*, 58, 67
☆ ☆ ☆ ☆ *Banquete amargo*, 54, 134
☆ ☆ ☆ ☆ *Bastardos inglórios*, 122
☆ ☆ ☆ ☆ *Beleza americana*, 177
☆ ☆ ☆ ☆ *Bem-vindo a Nova York*, 117
☆ ☆ ☆ ☆ *Bistrô Romantique*, 18
☆ ☆ ☆ ☆ *Blue Jasmine*, 82
☆ ☆ ☆ ☆ *Borboletas negras*, 68
☆ ☆ ☆ ☆ *Branca de Neve e os sete anões*, 210
☆ ☆ ☆ ☆ *Butter – Deslizando na trapaça*, 119, 177
☆ ☆ ☆ ☆ *Bye bye, Brasil*, 88
☆ ☆ ☆ ☆ *Café com amor*, 159
☆ ☆ ☆ ☆ *Caminhando nas nuvens*, 75, 94
☆ ☆ ☆ ☆ *Caramuru – A invenção do Brasil*, 109, 114, 129
☆ ☆ ☆ ☆ *Carlota Joaquina – Princesa do Brasil*, 102
☆ ☆ ☆ ☆ *Casablanca*, 39
☆ ☆ ☆ ☆ *Casamento grego*, 209
☆ ☆ ☆ ☆ *Cazuza – O tempo não para*, 27
☆ ☆ ☆ ☆ *Cerimônia de casamento*, 81
☆ ☆ ☆ ☆ *Chef*, 48, 49, 62
☆ ☆ ☆ ☆ *Chocolate*, 8, 196
☆ ☆ ☆ ☆ *Cidade das mulheres*, 31
☆ ☆ ☆ ☆ *Cidade dos anjos*, 28
☆ ☆ ☆ ☆ *Cine Holliúdy*, 181
☆ ☆ ☆ ☆ *Clube da luta*, 103
☆ ☆ ☆ ☆ *Cocktail*, 35

☆ ☆ ☆ ☆ *Comer beber viver*, 35, 68, 160
☆ ☆ ☆ ☆ *Comer, rezar, amar*, 97, 160
☆ ☆ ☆ ☆ *Como água para chocolate*, 13, 149, 152, 154, 156
☆ ☆ ☆ ☆ *Como era verde meu vale*, 9
☆ ☆ ☆ ☆ *Como um chef*, 73, 131, 155, 158
☆ ☆ ☆ ☆ *Confia em mim*, 16, 121
☆ ☆ ☆ ☆ *Confissão*, 92
☆ ☆ ☆ ☆ *Conto de outono*, 75, 76
☆ ☆ ☆ ☆ *Copacabana*, 210
☆ ☆ ☆ ☆ *Cosmópolis*, 32, 184
☆ ☆ ☆ ☆ *Crimes de paixão*, 60
☆ ☆ ☆ ☆ *Cristo parou em Eboli*, 179
☆ ☆ ☆ ☆ *Cronicamente inviável*, 43
☆ ☆ ☆ ☆ *Cupido não tem bandeira*, 83, 85
☆ ☆ ☆ ☆ *Deus da carnificina*, 127
☆ ☆ ☆ ☆ *Diana*, 30, 74, 130
☆ ☆ ☆ ☆ *Dieta mediterrânea*, 178, 205, 207
☆ ☆ ☆ ☆ *Despedida em Las Vegas*, 103
☆ ☆ ☆ ☆ *Dogville*, 99, 151
☆ ☆ ☆ ☆ *Do jeito que ela é*, 110, 156, 187
☆ ☆ ☆ ☆ *Dom Quixote*, 41
☆ ☆ ☆ ☆ *Dona Flor e seus dois maridos*, 213
☆ ☆ ☆ ☆ *Donnie Brasco*, 175
☆ ☆ ☆ ☆ *Dragnet – Desafiando o perigo*, 140
☆ ☆ ☆ ☆ *E agora brilha o sol*, 178, 142
☆ ☆ ☆ ☆ *...E o vento levou*, 31, 128, 218
☆ ☆ ☆ ☆ *Edward Mãos de Tesoura*, 102
☆ ☆ ☆ ☆ *Embriagado de amor*, 169
☆ ☆ ☆ ☆ *Encantada*, 144
☆ ☆ ☆ ☆ *Encontro marcado*, 18
☆ ☆ ☆ ☆ *Encontros e desencontros*, 106, 107
☆ ☆ ☆ ☆ *Ensaio sobre a cegueira*, 107
☆ ☆ ☆ ☆ *Entre o amor e a paixão*, 180
☆ ☆ ☆ ☆ *Entre vinhos e amores*, 25
☆ ☆ ☆ ☆ *Escravas da vaidade*, 111

☆ ☆ ☆ ☆ ☆ *Espanglês*, 158
☆ ☆ ☆ ☆ ☆ *Espelho mágico*, 67
☆ ☆ ☆ ☆ ☆ *Este mundo é um hospício*, 114
☆ ☆ ☆ ☆ ☆ *Esqueceram de mim*, 51
☆ ☆ ☆ ☆ ☆ *Estômago*, 166, 167
☆ ☆ ☆ ☆ ☆ *Eu e você*, 46
☆ ☆ ☆ ☆ ☆ *Eu não faço a menor ideia do que eu tô fazendo com a minha vida*, 125, 179
☆ ☆ ☆ ☆ ☆ *Fanny & Alexander*, 18
☆ ☆ ☆ ☆ ☆ *Feios, sujos e malvados*, 110, 138
☆ ☆ ☆ ☆ ☆ *Feito gente grande*, 150
☆ ☆ ☆ ☆ ☆ *Feitiço da lua*, 62
☆ ☆ ☆ ☆ ☆ *Feitiço do tempo*, 95
☆ ☆ ☆ ☆ ☆ *Feitiço havaiano*, 86
☆ ☆ ☆ ☆ ☆ *Festa de família*, 26
☆ ☆ ☆ ☆ ☆ *Folia a bordo*, 87
☆ ☆ ☆ ☆ ☆ *Fome*, 108
☆ ☆ ☆ ☆ ☆ *Fome de viver*, 110
☆ ☆ ☆ ☆ ☆ *Frances Ha*, 133
☆ ☆ ☆ ☆ ☆ *Frank e o Robô*, 59
☆ ☆ ☆ ☆ ☆ *Frenesi*, 50
☆ ☆ ☆ ☆ ☆ *Fuso horário do amor*, 32, 208
☆ ☆ ☆ ☆ ☆ *Gabriela, cravo e canela*, 20
☆ ☆ ☆ ☆ ☆ *Garçonete*, 96, 148
☆ ☆ ☆ ☆ ☆ *Garfield – O filme*, 101, 132
☆ ☆ ☆ ☆ ☆ *Garotos e garotas*, 94
☆ ☆ ☆ ☆ ☆ *Gosto de cereja*, 115
☆ ☆ ☆ ☆ ☆ *Hairspray – Em busca da fama*, 64, 215
☆ ☆ ☆ ☆ ☆ *Hannibal*, 193
☆ ☆ ☆ ☆ ☆ *Harry & Sally – Feitos um para o outro*, 152, 211
☆ ☆ ☆ ☆ ☆ *Hemingway & Martha*, 90, 126
☆ ☆ ☆ ☆ ☆ *Herencia*, 170
☆ ☆ ☆ ☆ ☆ *Hiroshima, meu amor*, 99
☆ ☆ ☆ ☆ ☆ *Histórias de cozinha*, 194, 195
☆ ☆ ☆ ☆ ☆ *Histórias cruzadas*, 68, 69, 106, 162
☆ ☆ ☆ ☆ ☆ *Histórias que só existem quando lembradas*, 11
☆ ☆ ☆ ☆ ☆ *Imitação da vida*, 23
☆ ☆ ☆ ☆ ☆ *Índia, amor e outras delícias*, 36, 147, 161
☆ ☆ ☆ ☆ ☆ *Indiana Jones e o Templo da Perdição*, 101, 105
☆ ☆ ☆ ☆ ☆ *Indomável sonhadora*, 191
☆ ☆ ☆ ☆ ☆ *Indiscrição*, 17, 217
☆ ☆ ☆ ☆ ☆ *Intriga internacional*, 34
☆ ☆ ☆ ☆ ☆ *Jantar de despedida*, 15, 29, 101, 120, 172
☆ ☆ ☆ ☆ ☆ *Jantar dos malas*, 72
☆ ☆ ☆ ☆ ☆ *Jezebel*, 154
☆ ☆ ☆ ☆ ☆ *Julie & Julia*, 12, 21, 70, 71, 96, 218, 219
☆ ☆ ☆ ☆ ☆ *Juntos para sempre*, 194
☆ ☆ ☆ ☆ ☆ *Kramer vs. Kramer*, 37
☆ ☆ ☆ ☆ ☆ *Laranja mecânica*, 122
☆ ☆ ☆ ☆ ☆ *Laurence Anyways*, 136
☆ ☆ ☆ ☆ ☆ *Lavoura arcaica*, 86, 153, 156, 157, 162
☆ ☆ ☆ ☆ ☆ *Madagascar*, 151, 168
☆ ☆ ☆ ☆ ☆ *Mais estranho que a ficção*, 63, 121, 153, 17
☆ ☆ ☆ ☆ ☆ *Manderlay*, 34, 102
☆ ☆ ☆ ☆ ☆ *Marcelino pão e vinho*, 115
☆ ☆ ☆ ☆ ☆ *Matrix*, 185
☆ ☆ ☆ ☆ ☆ *Marty*, 25, 60
☆ ☆ ☆ ☆ ☆ *Mary e Max – Uma amizade diferente*, 41, 56
☆ ☆ ☆ ☆ ☆ *Maus hábitos*, 174, 183
☆ ☆ ☆ ☆ ☆ *Meia-noite em Paris*, 42
☆ ☆ ☆ ☆ ☆ *Melhor é impossível*, 172, 188
☆ ☆ ☆ ☆ ☆ *Melinda e Melinda*, 130
☆ ☆ ☆ ☆ ☆ *Meu jantar com André*, 129
☆ ☆ ☆ ☆ ☆ *Meu jantar com Jimi*, 86, 123, 176
☆ ☆ ☆ ☆ ☆ *Meu namorado é um zumbi*, 183, 186

☆ ☆ ☆ ☆ *Meu primeiro amor*, 127
☆ ☆ ☆ ☆ *Meus caros amigos*, 66
☆ ☆ ☆ ☆ *Mediterrâneo*, 143
☆ ☆ ☆ ☆ *Minha bela dama*, 85, 88
☆ ☆ ☆ ☆ *Minha mãe é uma sereia*, 51
☆ ☆ ☆ ☆ *Monpti, um amor de Paris*, 218
☆ ☆ ☆ ☆ *Morango e chocolate*, 171
☆ ☆ ☆ ☆ *Morangos silvestres*, 148
☆ ☆ ☆ ☆ *Mortadela*, 137
☆ ☆ ☆ ☆ *Mulheres apaixonadas*, 98
☆ ☆ ☆ ☆ *Mulheres à beira de um ataque de nervos*, 113
☆ ☆ ☆ ☆ *No hotel da fuzarca*, 188
☆ ☆ ☆ ☆ *Noivo neurótico, noiva nervosa*, 189
☆ ☆ ☆ ☆ *No mundo de 2020*, 140, 190, 191
☆ ☆ ☆ ☆ *Nós que nos amávamos tanto*, 107
☆ ☆ ☆ ☆ *Núpcias de escândalo*, 80, 89, 90
☆ ☆ ☆ ☆ *O amor está na mesa*, 30
☆ ☆ ☆ ☆ *O anjo exterminador*, 193
☆ ☆ ☆ ☆ *O ano do cometa*, 79
☆ ☆ ☆ ☆ *O auto da compadecida*, 103
☆ ☆ ☆ ☆ *O casamento do meu melhor amigo*, 38
☆ ☆ ☆ ☆ *O clube da felicidade e da sorte*, 61
☆ ☆ ☆ ☆ *O cozinheiro, o ladrão, sua mulher e o amante*, 52, 111, 113
☆ ☆ ☆ ☆ *O Diabo veste Prada*, 211, 212
☆ ☆ ☆ ☆ *O diário de Bridget Jones*, 55
☆ ☆ ☆ ☆ *O discreto charme da burguesia*, 42, 53, 130, 133
☆ ☆ ☆ ☆ *O ditador*, 142
☆ ☆ ☆ ☆ *Os especialistas*, 188
☆ ☆ ☆ ☆ *O exótico hotel Marigold*, 141
☆ ☆ ☆ ☆ *O fabuloso destino de Amélie Poulain*, 14, 152
☆ ☆ ☆ ☆ *O filho da noiva*, 203

☆ ☆ ☆ ☆ *O fio da navalha*, 91
☆ ☆ ☆ ☆ *O guia do mochileiro das galáxias*, 213
☆ ☆ ☆ ☆ *O grande Lebowski*, 83
☆ ☆ ☆ ☆ *O grande restaurante*, 159
☆ ☆ ☆ ☆ *O homem de palha*, 51
☆ ☆ ☆ ☆ *O homem do ano*, 122, 184
☆ ☆ ☆ ☆ *O incrível homem que encolheu*, 116
☆ ☆ ☆ ☆ *O jantar*, 27, 60, 145, 170
☆ ☆ ☆ ☆ *O julgamento de Paris*, 73
☆ ☆ ☆ ☆ *O lado bom da vida*, 169
☆ ☆ ☆ ☆ *O lobo de Wall Street*, 87
☆ ☆ ☆ ☆ *O ouro de Nápoles*, 69
☆ ☆ ☆ ☆ *O palácio francês*, 48
☆ ☆ ☆ ☆ *O pecado mora ao lado*, 33, 93, 98
☆ ☆ ☆ ☆ *O pequeno Nicolau*, 45
☆ ☆ ☆ ☆ *O pianista*, 217
☆ ☆ ☆ ☆ *O poderoso chefão*, 118
☆ ☆ ☆ ☆ *O porto*, 30
☆ ☆ ☆ ☆ *O príncipe encantado*, 92
☆ ☆ ☆ ☆ *O que é isso, companheiro?*, 49
☆ ☆ ☆ ☆ *O que eu mais desejo*, 143
☆ ☆ ☆ ☆ *O sabor da melancia*, 146
☆ ☆ ☆ ☆ *O sabor de uma paixão*, 12, 17, 65
☆ ☆ ☆ ☆ *O segredo do grão*, 28, 90, 133
☆ ☆ ☆ ☆ *O semeador de felicidade*, 81
☆ ☆ ☆ ☆ *O Senhor dos Anéis: a Sociedade do Anel*, 128
☆ ☆ ☆ ☆ *O silêncio dos inocentes*, 192
☆ ☆ ☆ ☆ *O sol de cada manhã*, 190
☆ ☆ ☆ ☆ *O tempero da vida*, 196, 197, 198, 199
☆ ☆ ☆ ☆ *O Xangô de Baker Street*, 126, 131
☆ ☆ ☆ ☆ *Onde está a liberdade?*, 195
☆ ☆ ☆ ☆ *Os acompanhantes*, 187
☆ ☆ ☆ ☆ *Os bons companheiros*, 50, 185
☆ ☆ ☆ ☆ *Os cinco sentidos*, 27

☆ ☆ ☆ ☆ *Os fantasmas se divertem*, 59
☆ ☆ ☆ ☆ *Os filhos da meia-noite*, 108
☆ ☆ ☆ ☆ *Os infratores*, 93
☆ ☆ ☆ ☆ *Os mercenários 2*, 135
☆ ☆ ☆ ☆ *Os sabores do palácio*, 10, 28, 155, 156, 165
☆ ☆ ☆ ☆ *Os sonhadores*, 167
☆ ☆ ☆ ☆ *Os suspeitos*, 49
☆ ☆ ☆ ☆ *Os vingadores*, 141
☆ ☆ ☆ ☆ *Os vivos e os mortos*, 132
☆ ☆ ☆ ☆ *Paraíso*, 48
☆ ☆ ☆ ☆ *Parente é serpente*, 192
☆ ☆ ☆ ☆ *Pele de asno*, 215
☆ ☆ ☆ ☆ *Pequena Miss Sunshine*, 46
☆ ☆ ☆ ☆ *Perfume de mulher*, 88, 92
☆ ☆ ☆ ☆ *Perigosa*, 153
☆ ☆ ☆ ☆ *Philomena*, 68
☆ ☆ ☆ ☆ *Pizza, cerveja, cigarro*, 106
☆ ☆ ☆ ☆ *Poderosa Afrodite*, 179
☆ ☆ ☆ ☆ *Pokémon, o filme*, 58
☆ ☆ ☆ ☆ *Por água abaixo*, 11
☆ ☆ ☆ ☆ *Psicopata americano*, 65, 101, 106
☆ ☆ ☆ ☆ *Pulp Fiction – Tempo de violência*, 39
☆ ☆ ☆ ☆ *Quando comemos?*, 129
☆ ☆ ☆ ☆ *Quando o coração floresce*, 38
☆ ☆ ☆ ☆ *Quando os jovens se tornam adultos*, 53
☆ ☆ ☆ ☆ *Quando Paris alucina*, 22
☆ ☆ ☆ ☆ *Quem está matando os grandes chefs da Europa?*, 201, 202
☆ ☆ ☆ ☆ *Querida, vou comprar cigarros e já volto*, 191
☆ ☆ ☆ ☆ *Quero ficar com Polly*, 47, 99
☆ ☆ ☆ ☆ *Rain Man*, 126
☆ ☆ ☆ ☆ *Ratatouille*, 10, 200, 201, 206
☆ ☆ ☆ ☆ *Rebeldia indomável*, 192

☆ ☆ ☆ ☆ *Receitas de amor*, 21, 64
☆ ☆ ☆ ☆ *Refém da paixão*, 15
☆ ☆ ☆ ☆ *Rio*, 100
☆ ☆ ☆ ☆ *Românticos anônimos*, 217
☆ ☆ ☆ ☆ *Sábado, domingo e segunda*, 207, 208
☆ ☆ ☆ ☆ *Sabor da paixão*, 17, 29, 34, 132
☆ ☆ ☆ ☆ *Sabrina*, 29, 150
☆ ☆ ☆ ☆ *Salvo – Uma história de amor e máfia*, 109
☆ ☆ ☆ ☆ *Sem destino*, 37
☆ ☆ ☆ ☆ *Se eu fosse você*, 33, 80, 212
☆ ☆ ☆ ☆ *Se meu apartamento falasse*, 167, 172
☆ ☆ ☆ ☆ *Sem dor, sem ganho*, 136, 166
☆ ☆ ☆ ☆ *Sem reservas*, 213, 214
☆ ☆ ☆ ☆ *Senhorita Julia*, 77
☆ ☆ ☆ ☆ *Sentidos do amor*, 146, 197, 198
☆ ☆ ☆ ☆ *Serpente de luxo*, 183
☆ ☆ ☆ ☆ *Shirley Valentine*, 94
☆ ☆ ☆ ☆ *Shrek 2*, 173
☆ ☆ ☆ ☆ *Shortcuts – Cenas da vida*, 112
☆ ☆ ☆ ☆ *Sideways – Entre umas e outras*, 71, 72
☆ ☆ ☆ ☆ *Simplesmente amor*, 31, 56
☆ ☆ ☆ ☆ *Simplesmente complicado*, 216
☆ ☆ ☆ ☆ *Simplesmente irresistível*, 9, 65
☆ ☆ ☆ ☆ *Simplesmente Martha*, 23, 171, 194, 195
☆ ☆ ☆ ☆ *Só os amantes sobrevivem*, 100
☆ ☆ ☆ ☆ *Sob o sol da Toscana*, 24, 36, 67, 142
☆ ☆ ☆ ☆ *Sobre café e cigarros*, 58, 59, 155
☆ ☆ ☆ ☆ *Somos o que somos*, 104
☆ ☆ ☆ ☆ *Soul Kitchen*, 214
☆ ☆ ☆ ☆ *Surpresas do coração*, 76, 91, 115, 141
☆ ☆ ☆ ☆ *Sweeney Todd – O barbeiro demoníaco da rua Fleet*, 57

☆ ☆ ☆ ☆ ☆ *Tá chovendo hambúrguer*, 40, 41
☆ ☆ ☆ ☆ ☆ *Tampopo – Os brutos também comem espaguete*, 10
☆ ☆ ☆ ☆ ☆ *Tensão em Xangai*, 91, 134
☆ ☆ ☆ ☆ ☆ *Teorema zero*, 174
☆ ☆ ☆ ☆ ☆ *Terapia do amor*, 36, 171
☆ ☆ ☆ ☆ ☆ *Terceiro tempo*, 19
☆ ☆ ☆ ☆ ☆ *The Lunchbox*, 12, 16, 108, 150
☆ ☆ ☆ ☆ ☆ *Toast: A história de uma criança com fome*, 24, 54, 144
☆ ☆ ☆ ☆ ☆ *Todos dizem eu te amo*, 133
☆ ☆ ☆ ☆ ☆ *Tomates verdes fritos*, 46, 124
☆ ☆ ☆ ☆ ☆ *Tortilla Soup*, 144, 161
☆ ☆ ☆ ☆ ☆ *Touro indomável*, 52
☆ ☆ ☆ ☆ ☆ *Trem noturno para Lisboa*, 80
☆ ☆ ☆ ☆ ☆ *Trapaceiros*, 203, 204, 205
☆ ☆ ☆ ☆ ☆ *Três mulheres, três amores*, 45, 97, 159
☆ ☆ ☆ ☆ ☆ *Um americano em Roma*, 125
☆ ☆ ☆ ☆ ☆ *Um amor em Paris*, 47
☆ ☆ ☆ ☆ ☆ *Um amor quase perfeito*, 81
☆ ☆ ☆ ☆ ☆ *Um anjo em minha mesa*, 181
☆ ☆ ☆ ☆ ☆ *Um assaltante bem trapalhão*, 176
☆ ☆ ☆ ☆ ☆ *Um beijo roubado*, 35, 66, 163, 165, 212, 216
☆ ☆ ☆ ☆ ☆ *Um bom ano*, 74, 75
☆ ☆ ☆ ☆ ☆ *Um caminho para dois*, 172

☆ ☆ ☆ ☆ ☆ *Um conto chinês*, 98
☆ ☆ ☆ ☆ ☆ *Um dia de fúria*, 7, 177
☆ ☆ ☆ ☆ ☆ *Um drink no inferno*, 40, 55, 105
☆ ☆ ☆ ☆ ☆ *Um final de semana em Hyde Park*, 118
☆ ☆ ☆ ☆ ☆ *Um jantar para idiotas*, 168, 182
☆ ☆ ☆ ☆ ☆ *Um lugar chamado Notting Hill*, 170, 180
☆ ☆ ☆ ☆ ☆ *Um peixe chamado Wanda*, 116
☆ ☆ ☆ ☆ ☆ *Um plano brilhante*, 40, 82
☆ ☆ ☆ ☆ ☆ *Um século em 43 minutos*, 45
☆ ☆ ☆ ☆ ☆ *Um sonho de amor*, 139
☆ ☆ ☆ ☆ ☆ *Uma linda mulher*, 123
☆ ☆ ☆ ☆ ☆ *Uma luz na escuridão*, 147, 148
☆ ☆ ☆ ☆ ☆ *Uma receita para a máfia*, 22, 43, 55
☆ ☆ ☆ ☆ ☆ *V de vingança*, 125
☆ ☆ ☆ ☆ ☆ *Vatel – Um banquete para o rei*, 21, 200
☆ ☆ ☆ ☆ ☆ *Viajar é preciso*, 145, 192
☆ ☆ ☆ ☆ ☆ *Vidas ao vento*, 121
☆ ☆ ☆ ☆ ☆ *Vivos*, 104
☆ ☆ ☆ ☆ ☆ *Volver*, 210
☆ ☆ ☆ ☆ ☆ *Wall·E*, 176
☆ ☆ ☆ ☆ ☆ *Walt nos bastidores de Mary Poppins*, 103, 120
☆ ☆ ☆ ☆ ☆ *Zohan – O agente bom de corte*, 89

> Sentiu falta de uma frase, percebeu a ausência de uma que você adora?
> **Vamos lá, anote aqui!**

★

★

★

★

★

★

★

★

★

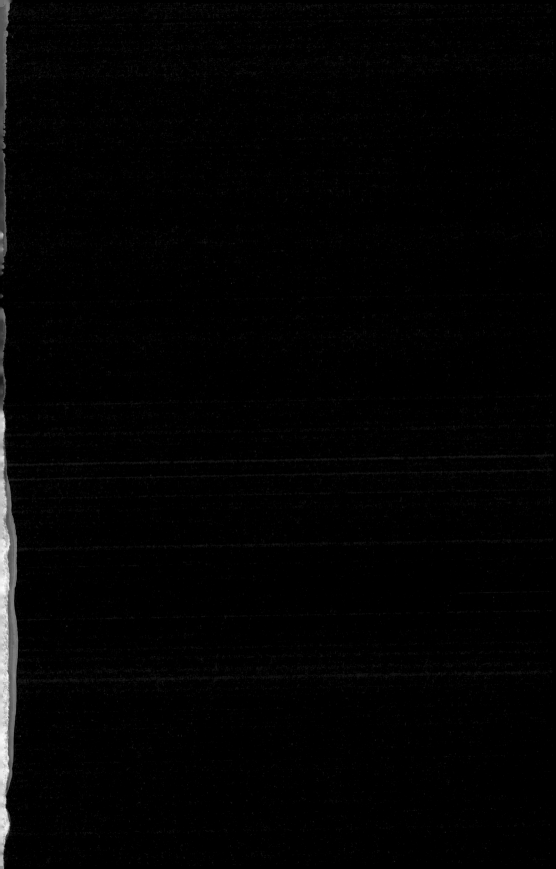